Mark Tres

Pye – Band 2

Nicht allein

Mark Tres

Pye – Band 2

Nicht allein

Rediroma-Verlag

Bibliografische Information der Deutschen Nationalbibliothek:
Die Deutsche Nationalbibliothek verzeichnet diese Publikation in der Deutschen Nationalbibliografie; detaillierte bibliografische Daten sind im Internet über http://portal.dnb.de abrufbar.

ISBN 978-3-96103-725-4

Umschlagillustration: Adobe Stock

www.rediroma-verlag.de
9,95 Euro (D)

Inhalt

Die Jagd hat ein Ende

Chavrez ließ den Tross der Verfolger anhalten und sammelte die Pick ups auf einem kleinen Parkplatz hinter einer Lagerhalle. Weit genug von der Mexikanischen Grenze entfernt, um keine Aufmerksamkeit zu wecken.

Roger, Anna Marie und vor allem Pye waren über die Grenze entkommen. Mit ihrem Aufenthalt in den Staaten schlugen sie ein neues Kapitel in seiner Jagd auf. Chavrez wusste, dass er mit dem Übertritt der drei auf amerikanischen Boden nunmehr anders operieren musste. Vor allem musste er sich sammeln und die Situation in Ruhe überdenken. Er sollte auch, dessen war er sich gewiss, ein ernstes Wort mit seiner Tochter Elenie und ihren neuen Freunden Koko und Jose reden. Schließlich steckten sie alle unter einer Decke.

Er zog ein altes Päckchen Zigaretten aus der Jacketttasche. Rodriguez' Blick hatte er sehr wohl wahrgenommen, offenbar hielt sein Zuträger nichts von Zigaretten, was man von Alkohol nicht behaupten konnte. Chavrez war das egal. Elenie und seine Frau waren weit genug entfernt, sodass er bis zu seiner Rückkehr jegliche verräterische Duftspuren getilgt haben würde. Dennoch drehte er sich von Rodriguez weg.

„Ihr könnt nach Hause fahren, Männer. Über die Grenze können wir sie nicht verfolgen. Wir brauchen Verbündete da drüben", und er nickte Richtung Staatsgrenze, „und darum werde ich mich jetzt erstmal kümmern. Rodriguez, du fährst mit den anderen zurück. Ich bleibe noch etwas hier. ich muss nachdenken."

Rodriquez beugte sich durch das Beifahrerfenster in den Wagen und kramte seine Sachen heraus. „Alles klar, Señor Chavrez."

Er stieg zu den Männern im anderen Pick up und legte seine Sachen auf den Schoss. Señor Chavrez beobachtete, wie die Männer den Wagen wendeten und vom Lagerplatz zurück auf den Freeway fuhren. Diesmal allerdings in die andere Richtung, nämlich nach Süden, zurück nach Hause. Chavrez paffte die Zigarette. Er hatte lange nicht mehr geraucht und er fand an dem Rauch offenbar keinen Geschmack mehr. Er dämpfte die Zigarette auf der Motorhaube aus und warf sie in den staubigen Asphalt, eher er mit dem Schuh darauf trat. Schon bereute er, dass er nicht standhaft gewesen war – nicht weil Elenie oder seine Frau den Ausrutscher hätten herausfinden können, sondern er missbilligte sich selbst. Auch wenn er Roger, Anna Marie und Pye hier heute verloren hatte, so ist das ganz sicher nicht das Ende seiner Jagd gewesen. Er wusste, dass er nicht aufgeben würde und auch nicht konnte. Er ärgerte sich nur, dass ihnen die Flucht so leicht geglückt war. Sie hatten das Überraschungsmoment auf ihrer Seite. Niemals hätte er gedacht, dass Anna Maria und Pye so unmittelbar ihre Existenz in Mexiko aufgeben und einer ungewissen Zukunft entgegenlaufen würden. Offenbar hatte dieser Roger mehr Einfluss auf Anna Maria, als er sich das eingestanden hatte. Er würde auch diesen Roger und sein bisheriges Leben genauer unter die Lupe nehmen müssen. Warum hatte dieser Arzt ein so großes Interesse am Schicksal von Anna Maria und Pye und mit wem arbeitete er zusammen?

Chavrez zückte sein Handy und wählte eine lange Nummer mit der Vorwahl der Vereinigten Staaten. Zeit, die Freunde um Hilfe zu bitten, dachte er, und dann werde ich ein ernstes Wort mit Elenie und ihren Freunden reden müssen, dachte er. In der Leitung tutete es. Freizeichen. Aber niemand hob ab.

„Verdammt“, murrte Chavrez. Er nahm das Handy herunter und steckte es zu der zerknüllten Zigarettenpackung in die Jackentasche. Als seine Finger das Päckchen berührten, strafte er den am Boden liegenden, halbverbrannten Zigarettenstummel mit einem strafenden Blick: „Sicher nicht“, murmelte er zu sich selber, fischte das Päckchen aus der Jackentasche und warf es in weitem Bogen in einen stinkenden Müllcontainer am Rand des Lagerplatzes. Dann stieg er ins Auto ein, drehte sein Radio und ließ sich von der Musik berieseln. Etwa eine Viertelstunde später startete er und folgte den anderen Männern zurück Richtung Süden.

Ankunft in Los Angeles

Warme Sonnenstrahlen kitzelten Pye auf der Wange. Er musste niesen und öffnete langsam die Augen. Die Sonne war aufgegangen. Offenbar hatte er die restliche Nacht, ihre restliche Flucht, auf der Rückbank des Autos verschlafen. Anna Maria drehte sich zu ihm um. „Guten Morgen."

Pye antwortete nicht gleich. Es dauerte erst einen Moment, bis er sich seiner Situation bewußt wurde. Er hatte auf der Rückbank des Kombi gesessen, als Roger und Anna Maria mit ihm über die Grenze von Mexiko Richtung Los Angeles geflüchtet waren. Sie hatten falsche Pässe und ihnen waren mexikanische Behörden auf den Fersen, von denen sie nicht einmal wussten, welche Art von Behörde es sein sollte. Die Sonne spiegelte sich in der hohen Brandung des Pazifiks, der seit Jahrtausenden unerbittlich an der Westküste nagte.

„Guten Morgen", erwiderte Pye und kniff die Augen vor der Spiegelung zusammen.

„Wir sind fast da, Zeit aufzuwachen", ergänzte Roger den Morgengruß von Anna Maria. Schon am Vortag hatte Roger der verdutzen Anna Maria und Pye gestanden, dass er und Anna Marias Vater, Pyes Grandpa, schon vor langer Zeit eine eventuelle Flucht vorbereitet hatten. Grandpa hatte zu diesem Zweck ein kleines, ruhig gelegenes Häuschen in den Hügeln von Los Angeles angekauft.

„Grandpa erwartet uns schon."

Noch etwas, mit dem Anna Maria nicht gerechnet hatte. Die letzten Tage überstürzten sich die Ereignisse und kaum etwas war noch so, wie es schien. Grandpa war ihr gegenüber vorsichtig gesagt sehr verhalten und zurückhaltend gewesen. Er leugnete bislang vehement die Geschichte um Pyes Vater, ja, wurde sogar richtig böse auf Anna Maria, die natürlich bei ihrer Version blieb.

„Er wollte euch mit seiner unnachgiebigen Beharrlichkeit nur schützen“, versicherte Roger, der während ihrer Fluchtfahrt mehrfach versuchte hatte, Grandpa bei Anna Maria in ein neues Licht zu rücken. So angespannt ihr Verhältnis zueinander auch war, so klar war doch auch, dass Anna Maria ihren Vater nun sehr dringend brauchen würde. Auch wenn er eigentlich weit im Norden mit seiner neuen Frau lebte, so bedeutete sein Empfang von Anna Maria und überhaupt der Kauf des Hauses doch mehr als nur ein Friedensangebot.

„Grandpa erwartet uns?“, wunderte sich Pye, der Grandpa hauptsächlich als nörgelnden Menschen erlebt hatte.

„Ja, Grandpa ist gestern, als wir mit unserer Flucht starteten, extra ins Flugzeug gestiegen, um euch empfangen zu können. Ein guter Grund, so meine ich“, und Roger pausierte und blickte Anna Maria eindringlich von der Seite her an, „um ihm eine Chance zu geben.“

Anna Maria seufzte.

„Wie lange dauert es noch? Ich müsste mal“, warf sich Pye zwischen die Blicke.

„Wir fahren bei der nächsten Raststädte raus“, beruhigte Roger Pye. „Ich denke es ist auch Zeit für ein Frühstück, ehe wir Grandpa treffen.“

Roger lenkte den Wagen von der zweiten Spur auf die erste und hielt Ausschau nach Raststätten-Schildern. Der Freeway schlängelte sich noch einige Meilen an der Küste entlang, ehe er nach Osten in das Landesinnere abzweigte und sich in sanften Kurven durch die Hügellandschaft schlängelte. Keine zwanzig Meilen später glitzerten rechter Hand die Buchstaben einer Raststättenbeschilderung in den frühen Sonnenstrahlen. Roger deutete darauf und setzte den Blinker, ehe er den Wagen auf die Ausfahrt zulenkte.

Die Freunde zu Hause

Koko, Jose und Elenie konnten es nicht fassen. Ihr Freund Pye war mitsamt seiner Mutter und Dr. Rodriquez quasi über Nacht verschwunden. Die Freunde hielten Rat auf Kokos Dachboden. Sie saßen im Kreis und wussten nicht recht, was geschehen war. Kokos Großmutters Kekslieferung unterbrach diesmal nicht das sonst übliche verschwörerische Flüstern, sondern das Gegenseitige, ratlose Schweigen.

„Na ihr drei, wo ist denn euer Freund Pye abgeblieben?" Großmutter stieß unwissentlich in das Wespennest.

„Wir wissen es nicht", antworte Elenie.

„Wir glauben, er ist vor etwas geflohen. Vorgestern in der Schule waren er und seine Mumm plötzlich weg", ergänzte Koko und nahm ihrer Großmutter das Tablett ab. Sie stellte es auf den leeren Platz auf den Holzboden, wo normalerweise Pye saß.

„Und Dr. Rodriguez", ergänzte Elenie, „der war zuerst kurz bei uns in der Schule und plötzlich waren alle drei weg. Vermutlich sind sie wirklich vor etwas geflohen."

„Oder vor jemandem", warf Jose ein und strafte Elenie mit einem harten Blick. Elenie hielt dem Blick stand.

„Sie sind verschwunden, als dein Vater in die Schule kam," fügte Jose hinzu, „und wir haben alle gesehen, wie er und mein Onkel wie vom Teufel gejagt von der Schule weggebraust sind."

„Eben" antwortet Elenie schnippisch, „mein Vater und dein Onkel."

Sie zuckte die Achseln, wohl um zu untermalen, dass sie sich selbst darauf keinen Reim machen konnte. Großmutter goss den dreien aus der hellgrünen Glaskaraffe kühlen Saft ein und schob die Gläser den drei im Schneidersitz am Boden hockenden Freunden vor die Füße.

„Sie werden wohl Urlaub machen,euer Freund Pye und seine Familie", fand Kokos Großmutter eine naheliegende Erklärung.

Natürlich hatten die Freunde Großmutter nicht in die abenteuerliche Fotojagd und ihre Erlebnisse mit Señor Humbold, vulgo Salamander, eingeweiht. Hätte Großmutter das alles gewusst, hätte sie nicht eine so banale Vermutung geäußert, aber vermutlich hätten sie die abenteuerlichen Nachforschungen der Kinder längst unterbunden. Weder wäre Señor Humbold der richtige Umgang für die Freunde noch würde sie es gutheißen, wenn sie über ihre Ausfahrten mit den Rädern in die zwielichtigen Randbezirke erzählen würden. Großmutter schloss hinter sich die Dachbodenluke und sie hörten ihre Schritte auf der Leiter nach unten.

Joses Blick lag immer noch auf Elenie. „Was hat dein Vater eigentlich zu der ganzen Sache gesagt?"

„Gar nichts." Elenie trank ein paar Schlucke von dem Saft.

„Seit Pye verschwunden ist, habe ich ihn noch nicht gesehen. Gestern ist er erst spät nach Hause gekommen und heute, als ich losfuhr, war er schon wieder weg."

„Wir müssen trotzdem herausfinden, wie dein Vater in der Sache drinhängt. Es ist schon sehr eigenartig, dass er sowohl Señor Humbold als auch deinen Onkel kennt." Koko wandte sich Jose zu. „Es ist sicher auch kein Zufall, dass die beiden auf dem Schulhof waren, just an dem Tag, an dem Pye verschwunden ist, ganz zu schweigen von dem Sammelsurium an Dingen in deines Vater Büro, die allesamt mit den von mir in Señor Humbolds Dachkammer gefundenen Zeitungsausschnitten zu tun haben. Wir müssen herausfinden, für wen dein Vater wirklich arbeitet und vor allem", Koko hielt inne, „was er für den macht."

„Er arbeitet für die Regierung, das wissen wir doch", postulierte Jose.

„Ja, das wissen wir", unterstrich Koko, „doch für welche, nennen wir es, Abteilung. Auch Krankenwagenfahrer oder Kampfjetpiloten arbeiten für die Regierung. Das sagt noch gar nichts."

„Soweit ich das weiß, arbeitet mein Vater beim Militär, aber nicht bei den Soldaten. Zumindest habe ich ihn noch nie in einer

Uniform gesehen. Er hat ein Büro weit draußen in der Ebene von Las Plasa. Dorthin durfte ich schon mal mitfahren. Aber es gibt dort außer ein paar Bürohäusern und zwei Lagerhallen nichts Spannendes. Und außen rum ist ein hoher Zaun."

Koko und Jose ließen die Worte Elenies nachhallen.

„Wozu gibt es um ein paar Bürogebäude einen hohen Zaun?" Jose machte mit der Hand eine kreisrunde Geste in die Luft, als ob er einen imaginären Zaun zeichnen würde.

„Und warum liegt das Gelände soweit außerhalb?" ergänzte Koko. „Ich denke, wir sollten deinen Vater mal besuchen, ohne Einladung, wenn ihr versteht, was ich meine." Und Koko neigte sich nach vorne, als würde sie sogleich losschleichen.

Ein neues Zuhause

Die Straße führte mit zwei geschwungenen Kurven zwischen zwei Hügeln hindurch. Noch stand die Sonne nicht hoch genug, sodass ihr Wagen in den Schatten der Hügel eintauchte. Hier zwischen den Hügeln hatte sich auch der Bewuchs geändert. Hohe grüne Sträucher säumten die Straße, gelegentlich unterbrochen von erdigen Pfaden die offenbar die Hügel hinauf oder zwischen diesen durchführten. Roger schien die Strecke zu kennen. Jedenfalls zögerte er selbst bei den gelegentlichen Abzweigungen nie, welchen Weg er nehmen sollte. Pye klebte mit der Nase an der hinteren Autoscheibe und beobachtete, wie der Schatten der Hügel zu ihrer Linken ein mäanderndes Band auf die höheren Hügel zu ihrer Rechten malte.

„Da vorne ist es." Roger deutete auf eine unscheinbaren, asphaltierten Weg, der kaum hundert Meter vor ihnen nach links abzweigte. Er bremste leicht und schlug das Lenkrad ein, um dem schmalen Asphaltweg zu folgen. Der Weg führte in Serpentinen den Hügel zu ihrer Linken hinauf. Teils waren die Büsche beiderseits des Weges so eng zusammengewachsen, dass man ihre Äste auf den Seiten des Autos entlangschleifen hörte. Nach einigen Serpentinen begann sich das Buschwerk zu lichten, der Straßenverkauf wurde zunehmend gerader. Pye hatte sich umgedreht und spähte nunmehr gespannt durch die Frontscheibe. Er meinte, hier und da zwischen den Büschen Teile eines Hauses zu erkennen. Die Büsche wurden kleiner, lichteten sich zunehmend und wichen niederem Gras. Dadurch wurde tatsächlich der Blick frei auf ein in die letzten Meter unterhalb der Hügelkuppe in den Hang eingebautes Haus.

„Et voilà", präsentierte Roger ihren Zufluchtsort.

Anna Maria zweifelte. Das sollte das Haus sein, das Großvater für sie gekauft hatte? Wenn schon überhaupt, hatte sie eher ein kleines, altes Häuschen irgendwo versteckt im Niemandsland erwartet. Dieses Haus lag, abgesehen von der Zufahrt, weder versteckt noch entsprach es ihrer Vorstellung eines kleinen Häuschens. Die Straße führte bis direkt vor den Haupteingang, der aus einigen Stufen vor einer Doppeltüre aus Gals bestand. Zu beiden Seiten dieser Türe erstreckte sich das Haus nach links und rechts gut 15 Meter, durchbrochen von diversen Fensterreihen. Auf dem rechten Teil gab es zudem noch einen ersten Stock, von dem man offenbar auf eine Terrasse gelangte, die zugleich das Dach des ersten Stockes über dem linken Hausteil bildete. Und dort oben stand jemand. Dieser jemand schien das sich nähernde Auto genau zu beobachten. Anna Maria kannte den Mann. Es war ihr Vater, Pyes Großvater, der auf der Terrasse stehend ihre Ankunft erwartete.

„Woher weiß Großvater, dass wir kommen?“, fragte Anna Maria ungläubig Roger.

„Erstens habe ich mir erlaubt ihn gestern Nacht anzurufen“, erwiderte Roger, „und zweitens hat die Auffahrt eine Überwachungskamera, sodass, wer auch immer die Straße hinauf zum Haus nimmt, die Ankunft oben vorangekündigt wurde.“ Er zuckte die Schultern, wie um Anna Marias nächste Frage vorweg zu nehmen. „Dein Vater dachte, es wäre kein Nachteil, wenn man oben im Haus schon frühzeitig von Besuchern wüsste. Irgendwie scheint er die Sache sehr ernst zu nehmen. Er macht sich Sorgen um euch. Er macht sich viel mehr Sorgen, als du vielleicht vermuten würdest.“

Anna Maria wandte sich von Roger ab und richtete ihren Blick wieder auf die Terrasse. Neben ihren Vater war eine zweite Person getreten. Großvaters neue Frau.

„Sie kennt eure Geschichte nicht. Jedenfalls hat er mir versichert, ihr nur das Nötigste erzählt zu haben. Von Pyes Vater ahnt sie nichts“, fügte Roger schnell hinzu.

Die Frau neben Großvater trat ganz an die Glasbrüstung heran. Er legte seinen Arm um sie und beiden hoben die Arme, um den Ankommenden zu winken. Pye winkte durch die Autoscheibe zurück, Anna Maria zwang sich, ein Lächeln aufzusetzen. Roger brachte den Wagen vor den Stufen zur Doppeltür zum Stehen.

Die Landkarte mit Geheimnis

Koko hatte einen großen Plan von dem Gebiet aufgetrieben, in dem Elenies Vaters Büro stand. Elenie hatte nicht übertrieben. Die Gegend war einsam, neben der Zufahrtsstraße zum Büro gab es nur eine weitere Straße, die durch dieses Gebiet führte. In der ganzen Gegend gab es schlichtweg nichts. Keine Häuser, keine bewirtschafteten Flächen und auch kein Wasser. Die ganze Gegend ging wunderbar als Wüste durch. Elenie hatte zu Hause begonnen, ihre Mutter über den Beruf ihres Vaters auszufragen. Doch das gestaltete sich als schwierig. Elenie wollte auf keinen Fall ihre Mutter misstrauisch machen, geschweige denn riskieren, dass ihre Mutter ihrem Vater plötzlich über Elenies Neugierde erzählte. Elenie wagte nicht, ihren Vater direkt zu fragen. Er hatte schon in der Vergangenheit klargemacht, dass sie in seinem Arbeitszimmer nichts zu suchen hatte. Elenie wusste bis heute nicht, ob er den kleinen Einbruch ihrer Freunde in seinem Zimmer bemerkt hatte. In jedem Fall – das war sicher – steckte ihr Vater irgendwie mit dem plötzlichen Verschwinden ihres Freundes Pye in Verbindung. Wenn dem so war, musste sie umso vorsichtiger sein, um nicht sein Misstrauen zu wecken. Seit gestern hatte sie Chavrez nicht gesehen. Irgendwie war sie froh, ihrem Vater Chavrez noch nicht begegnet zu sein. Jose ging es ähnlich. Er wusste genauso wenig wie Elenie, ob und wie sein Onkel Rodriguez in das Verschwinden von Pye und seiner Mutter involviert war.

Auch Jose wagte nicht, seinen Onkel anzurufen. Nicht, dass er sich vor seinem Onkel gefürchtet hätte, aber sein Onkel war schon immer etwas besonders gewesen. Er hatte viele gute Freunde, wie er selbst immer behauptete, und viele dieser guten Freunde waren Schurken, wie Joses Mutter behauptete. Als Koko, Elenie und Jose das nächste Mal am Dachboden bei Koko zusammen kamen, waren die Informationen über das Bürohaus von Elenis Vaters bestenfalls als dünn zu bezeichnen. Koko hatte den großen Plan quer am Fußboden ausgebreitet. Sie nahm einen der Filzmarker und kreiste auf dem Plan mit einer dicken roten Linie das Bürogebäude ein. „Das, das ist unser Zielgebiet.“

Elenie und Jose wunderten sich über die Wortwahl, wagten aber nicht, diese zu kommentieren, schließlich hatten ihre Recherchen ohne nennenswerte Ergebnisse geendet. Elenie hatte aus ihrer Mutter nur herausbekommen, dass sie eigentlich nur wegen der Arbeit ihres Vaters noch vor Elenies Geburt in diese Gegend gezogen sind. Jose hatte noch weniger Glück. Er konnte mit überhaupt keinen Informationen aufwarten, die in der Sache hilfreich schienen.

Koko rümpfte die Nase, ließ sich aber nicht beirren: „Ihr seht“, sie deutete auf das Areal rund um das Büro, „da ist nichts rundherum. Rein gar nichts.“ Ihre Hand strich wenige Zentimeter über dem Plan über das Gebiet außerhalb des rotes Kreises. „Nur diese eine Zufahrtsstraße“, ihr Finger folgte dem dunklen Strich am Plan bis dorthin, wo sich dieser Strich mit dem roten Kreis schnitt, „und rechts und links von dieser Straße ist schlicht nichts.“

Die drei verharrten in der Stille.

„Das stimmt nicht ganz“, unterbrach Jose die Pause. „Was ist das?“

Auf Kokos Plan zeigten sich in regelmäßigem Abstand parallel zur Straße drei kleine runde Punkte.

„Das haben wir gleich“, brachte sich Elenie ein und zückte ihr Smartphone. Normalerweise hätte sie das Smartphone versteckt, denn sie wusste, dass dieses teure Gerät ihr bei den Schulkollegen zumindest Neid, wenn nicht sogar Missgunst beschert hätte. Jetzt hingegen war es nützlich. Sie öffnete Google Maps und zoomte auf das Gebiet, das Koko am Plan markiert hatte. Zu ihrer aller Überraschung befand sich dort laut Google tatsächlich nichts. Ein so uninteressantes Nichts, dass Google Maps die entscheidende Stelle mit verwaschener Darstellung unkenntlich gemacht hatte.

„Ein Blur“, kommentierte Jose die unscharfe Stelle auf dem Smartphone.

„Ein was?“

Koko wusste nicht, was das war.

„Ein Blur ist eine Stelle, die Google nicht zeigen darf, weil dort geheime Anlagen einer Regierung oder eines Militärs stehen.“

„Ein Blur“, wiederholte Koko. Elenie folgte dem Rand des Blurr, bis sie auf jene Stelle traf, wo diese drei Punkte dem Blur am nächsten waren.

„Seht mal.“ Elenie zoomte den Bereich größer. Auf dem für Smartphone Verhältnisse riesigen Display sahen Koko und Jose, was Elenie meinte.

„Das ist ja unglaublich …“

Der Empfang

„Seid willkommen“.

Hinter Großvater schlugen die Glasdoppeltüren wieder fest zu und man mochte hoffen, dass Großvaters neue Frau nicht unmittelbar hinter ihm gefolgt war. Großvater deutete eine Umarmung an. Anna Maria wusste nicht recht, wie ihr geschah. Ihr Vater war seit der Geburt Pyes auf Distanz gegangen. Zu guter Letzt war er seiner neuen Frau in deren Heimat in den Norden gefolgt. Seine gelegentlichen Besuche verliefen wie seine seltenen Anrufe: distanziert, kühl. Anna Maria konnte sich des Eindrucks nicht verwehren, dass Großvater nicht sicher war, wie er auf die Sache, wie er es nannte, mit Pyes Vater reagieren sollte. Natürlich war Anna Maria seine Tochter, natürlich war Pye sein Enkel. Er war offenbar zwischen seinen Gefühlen hin- und hergerissen. Wenn Anna Maria Roger Glauben schenkte, war er auch noch von einem anderen Gefühl hin- und her gerissen: Angst. Er konnte sich nur zu gut vorstellen, welch Interesse man an Pye und seinem Vater finden würde, wenn Anna Marias Geschichte bekannt würde. Wenn Rogers Behauptung stimmte, dann war es genau jene Furcht, die Großvater dazu brachte, so gewissenhaft auf Distanz zu gehen. Er hatte damals die Wogen geglättet und Anna Maria von den Medien bewahrt. Während Anna Maria versuchte, an ihrer Geschichte festzuhalten, hatte er kategorisch und auch gegen ihren Willen die Geschichte geleugnet. Im Gegenteil, er stellte Anna Maria, obwohl sie seine Tochter war als unglaubwürdig dar. Schließlich ließen die Medien von Anna Maria ab, doch Anna Maria verstand sein Bestreben nicht. Weder wollte sie den Vater von Pye verleugnen noch sah sie es ein, vom eigenen Vater als unglaubwürdig dargestellt zu werden. Die letzten Tage rückten das Verhalten ihres Vaters in ein völlig neues Licht. Damals wollte sie ihm nicht glauben, doch nun schien es, als sollte er Recht gehabt haben.

Roger stieg als erster aus, dann Pye. Anna Maria zögerte, ehe auch sie die Autotür öffnete.

„Großvater!“ Pye stürmte Großvater entgegen, während sich Roger und Großvater mit einem kräftigen Händedruck begrüßten.

„Ich soll dir von meinem Vater liebe Grüße ausrichten. Ihm verdanken wir es, dass wir zumindest mit einem kleinen Vorsprung davon kamen.“

„Wollt ihr mir damit sagen“, Anna Maria umarmte Großvater, „dass auch Salamander, Verzeihung, Señor Humbold, in eure Mission eingeweiht war?“

Roger schüttelte den Kopf. „Mein Vater ist in der Sache genauso uneinsichtig wie du. Er folgt seit Jahren jeder Spur, die die Ereignisse rund um den Unfall wiedergibt. Er will nicht wahrhaben, dass er sich damit auf höchst gefährliches Terrain wagt, geschweige denn, dass er es nicht wahr haben will, dass die Dinge unumkehrbar sind.“

„Du meinst den Unfall von damals?“

Roger nickte. „Er weiß, dass nichts die Dinge ungeschehen machen kann, aber es ist ihm egal. Er weiß, dass er sich damit in Gefahr bringt, aber das ist ihm erst recht egal.“

Pye verstand kein Wort. Anna Maria erkannte Pyes fragendes Gesicht. „Wir reden später weiter, wenn uns Großvater in sein Haus lässt“

Umgehend korrigierte Großvater: „Nicht in mein Haus, es ist euer Haus. Ich habe es für dich, Anna Maria, und Pye gekauft. Als Zufluchtsort sozusagen, wenn all das Vertuschen nicht mehr funktioniert.“

Jetzt kannte sich auch Anna Maria nicht mehr aus.

„Das Militär hat nie aufgegeben der Sache auf den Grund zu gehen, aber kommt erstmal herein, dann bringen wir Ordnung in die Situation.“ Großvater hielt eine der beiden Glastüren auf und führte Anna Maria und Pye in das Haus.

„Kommt nur herein. Das ist euer neues Zuhause“, lud Großvater Anna Maria und Pye ein einzutreten. Roger kannte das Zuhause schon und hielt sich etwas im Hintergrund. Er wollte nicht mit der Tür ins Haus fallen, wie man so schön sagt, aber dieses Haus sollte zumindest übergangsweise auch sein neues Zuhause werden. Bis er ein eigenes Apartment oder Ähnliches gefunden hatte. Bis dahin würde er sich im ersten Stock ein Zimmer mit separatem Eingang über der Dachterrasse einrichten.

Großvaters neue Frau umarmte Anna Maria, als ob sie beste Freunde wären, und sie umarmte auch Roger und Pye, wobei letzterer deutlich zurückhaltend reagierte. Er fand es befremdlich, dass sich diese Frau so in ihre Familie eingliederte, als könnte sie Großmutter nahtlos ersetzen. Hinter der Glastür befand sich das Entree. Ein zentraler Raum, in dem man sich der Schuhe entledigte, nasse Mäntel an die vorgesehenen Haken hängte oder, bevor man das Haus verließ, die Krawatte richten oder den Lippenstift nachziehen konnte. Von diesem Entree führten Türen in alle angrenzenden Zimmer. Da die Türen offen standen, konnte Pye ein großes Wohnzimmer, eine Art Wohnküche und unmittelbar rechts von ihnen die Tür zu einer kleinen Bad- und WC-Kombination erspähen. Dorthin musste er dringend, nicht weil der die Situation unangenehm fand, was er wohl tat, sondern weil er schon seit geraumer Zeit den Ruf seiner Blase verdrängt hatte. Das WC war neu. Vermutlich war das ganze Haus ziemlich neu. Viele Amerikaner hatten sich verspekuliert und bei der großen Immobilienblase Geld und Zuhause verloren. Jene, die kurz davor investiert hatten, mussten auf diese Weise fast neue Häuser zu einem Spottpreis abgeben. Zumindest hatte er das so in Wirtschaftskunde gelernt.

Pye schloss die Tür und betrachtete sich für einen kurzen Moment in dem Spiegel links von der Toilette an der Wand: So sehen also Flüchtige aus, dachte Pye, wenngleich er eigentlich gar nicht genau wusste, warum er auf der Flucht war. schließlich hatte er nichts Verbotenes getan. Im Spiegel durch das gegenüberhängende Fenster beobachtet Pye, wie Roger jene Sachen aus dem Kofferraum auslud, die er ohne Anna Marias Wissen gepackt hatte. Drei Taschen, darunter auch Pyes Sporttasche, lud Roger aus. Zumindest, dachte Pye, hat er auch für mich Sachen eingepackt. Aber Roger lud noch etwas aus. Einen kleinen silbernen Koffer, den er nicht zu den anderen Taschen stellte, sondern abseits an die Hauswand. Pye musste sich wegducken. Er hatte plötzlich Angst, von Roger gesehen zu werden. Ein eigenartiger Reflex, dachte Pye, war es doch Roger gewesen, dem sie ihre Flucht verdankten. Roger ging zum Auto zurück und Pye wagte es, ihn weiter zu beobachten. Roger nahm die drei Taschen hoch, wobei er sich Pyes Sporttasche umhängte, und trug die beiden Koffer zum Haus. Damit verlor Pye Roger aus dem Blickfeld. Für einen Moment überlegte er, ob sich ein Blick in den Metallkoffer lohnen würde und was er wohl darin finden würde. Doch dazu hätte er aus dem WC-Fenster klettern und in dem Moment, wo Roger im Haus verschwand, den Koffer öffnen und durchsuchen müssen. Das war ihm schlicht zu gefährlich. Außerdem wollte Pye in dieser undurchschaubaren Situation Rogers ehrbare Absichten nicht in Frage stellen.

Hilfe tut not

Señor Humbold war sichtlich froh, die Freunde wieder zu sehen. Sie hatten vorgegeben, am Garten weiter arbeiten zu wollen. Dass Pye nicht mehr dabei war, erwähnten sie mit keinem Wort. Señor Humbold wiederum dachte, es sei eigenartig, wenn ausgerechnet er sich nach Pye erkundigte. Er wusste ja nicht, ob und was die Freunde von Pyes Geschichte wussten, geschweige denn inwieweit sein Verschwinden einordneten und seine Rolle darin bewerteten. Er spürte jedoch, dass den Freunden etwas auf dem Herzen lag. Die Gartenarbeit, dessen war er sich sicher, war nur ein Vorwand. Vielleicht wollten sie ihn ausspionieren. Mit ungutem Gefühl dachte er an seine Dachkammer über der Garage. Koko überraschte Señor Humbold inmitten seiner Überlegungen. Er zuckte förmlich zusammen, als Koko plötzlich neben ihm in der Küche stand, die Heckenschere in der linken Hand, und ihn ansprach. Er musste äußerst erschrocken gewirkt haben, denn Koko musste aufgrund seiner Reaktion lachen. Dann erst wurde ihr gewahr, welches Bild sie auf Señor Humbold wohl machen musste: Überraschend in seiner Küche, mit einer Heckenschere in der Hand – und Koko versuchte sich das Lachen zu verkneifen, um mit Señor Humbold ein seriöses Gespräch beginnen zu können. Die Heckenschere schob sie dabei möglichst unauffällig auf ihren Rücken.

„Nun, wenn du mich nicht mit der Heckenschere in kleine Stücke schnippeln möchtest, dann führt dich etwas anderes zu mir", eröffnet Señor Humbold.

„Tatsächlich", Koko, obwohl sonst gar nicht ihre Art, tänzelte verlegen von einem Fuß auf den anderen und versuchte weiterhin die Heckenschere vor den Augen von Señor Humbold zu verbergen. „Ja, es ist … wir haben … und deshalb …"

Señor Humbold beschloss, das Gespräch selbst in die Hand zu nehmen. „Ich nehme an, ihr möchtet mich etwas fragen?", vermutete er und dachte dabei an seine Verwicklung in Pyes Verschwinden.

„Ja“, hörte er Koko antworten, während Elenie und Jose ebenfalls die Gartenarbeit eingestellt hatten und sich nun hinter Koko in der Küche positionierten. „Wir wollten Sie fragen, ob Sie uns wohl ein Stück mit Ihrem Auto mitnehmen könnten?“

Humbold war perplex. Das war nicht die Frage, auf die er vorbereitet war. „Mit meinem Auto?“, repetierte er.

„Ja, wir möchten ein Stückchen aus der Stadt hinaus, Richtung Westen“, präzisierte Koko.

„Und dorthin gibt es keinen Bus“, ergänzte Jose, um einer möglichen Frage Humbolds zuvor zu kommen.

„Und wir möchten gerne unsere Räder mitnehmen.“ Auch Elenie hatte Mut gefasst.

Humbold schwieg, er konnte sich keinen Reim darauf machen, ob diese Bitte irgendwie in Verbindung mit Pyes Verschwinden stand oder ob die Freunde längst zum gewohnten Tagesablauf zurückgefunden hatten und ihn schlicht um einen Gefallen für einen Ausflug baten.

„Was wollt ihr denn und wohin genau soll es gehen?“

Koko hockte sich nieder, legte dabei möglichst unauffällig die Heckenschere ab und fasst in ihre Gesäßtasche. Dort zog sie eine verkleinerte Kopie des Plans hervor, den sie einige Tage zuvor in ihrer Zentrale ausgewertet hatten. „Hierhin in etwa“, erklärte sie, während sie den Plan ausfaltete und vor Señor Humbold auf den Küchentisch legte. Dann tippte sie auf die Stelle, wo die drei Punkte vor dem roten Kreis zu sehen waren. Humbold drehte den Plan zu sich um und betrachtete ihn eine Zeitlang stumm. Dann fuhr er mit dem Finger langsam den Kreis ab und endete auf dem Punkt, den Koko als das Ziel ihres Ausflugs genannte hatte. „Das ist weit draußen vor der Stadt. Inmitten der Steppe. Seid ihr sicher, dass ihr dorthin wollt?“

Die drei Freunde nickten ansatzlos.

„Was hofft ihr da draußen zu finden? Ist das, was ihr sucht, in dem roten Kreis?“

Die drei Freunde waren sich unsicher, ob sie Señor Humbold die Wahrheit sagen sollten. Andrerseits hatten sie sich keine auch nur im Ansatz glaubwürdige Geschichte für seine Frage parat gelegt. Sie hatten schlicht nicht daran gedacht, dass Mr. Humbold natürlich nach dem Inhalt des Kreises, nach dem Zweck ihres Ausflugs fragen würde. Selbst die sonst so vorlaute Koko wusste ad hoc keine sinnvolle Antwort. Ein Picknick in der Steppe? Ein geheimes Treffen mit einer anderen Clique aus der Schule? Was auch immer Koko durch den Kopf ging, war nicht annähernd glaubwürdig. „Wir möchten erforschen, was sich innerhalb dieses Kreises befindet?“

Das war die Wahrheit. Humbold zog die Augenbrauen hoch. Für eine Sekunde dachten Koko, Jose und Elenie es wäre ein Fehler gewesen, Mr. Salamander die Wahrheit zu sagen und sie ärgerten sich, dass sie sich keine glaubwürdige Geschichte parat gelegt hatten.

„In dem Kreis ist nichts außer Steppe“, meinte Humbold und wischte mit dem Finger über die leere Fläche auf dem Plan innerhalb des Kreises. Koko trat einen Schritt näher an den alten Mann heran und tippte mit dem Finger erneut auf die drei Punkte knapp außerhalb des Kreises. „Wissen Sie, was das ist?“

Humbold zuckte die Achseln. „Eine Markierung im Plan?“

Koko schüttelte den Kopf. Koko war drauf und dran, Señor Humbold das wahre Ziel ihres Ausfluges, ihrer Exkursion zu verraten. „Das ist keine Markierung auf dem Plan“, widersprach sie und fuhr, obwohl sie Elenies und Joses kritischen Blick sehr wohl erheischte, fort: „Dieser Plan ist ein Auszug aus Google Maps. Dort sind Strommasten mit stärkerem Strom als nur für Privathaushalte von oben gesehen als drei Punkte auszumachen. Sehen Sie?“ Sie führte ihren Finger von den drei Punkten am Kreisrand zu den nächsten drei Punkten in Richtung Planende.

Humbold folgte ihrem Finger, um dann der virtuellen Linie der drei Punkte in die gegengesetzte Richtung, durch den blinden Fleck innerhalb des Kreises hindurch auf die andere Seite zu folgen. Koko erriet seine Gedanken: „Richtig, es geht eine Starkstromleitung hinein, in diesen blinden Fleck, aber die Leitung geht nicht durch den blinden Fleck hindurch."

Señor Humbold suchte den gesamten Rand des Kreises ab. „Stimmt", sagte er dann.

„Also muss in diesem blinden Fleck etwas sein, das den Strom verbraucht", schlussfolgerte Koko und wartete auf Humbolds Reaktion. Dieser wusste, dass auf Google Maps verschiedene Bereiche als blinde Flecken dargestellt wurden. Geheime Militäranlagen, Anlagen mit erhöhtem Sicherheitsbedürfnis, wie Atomreaktoren oder anderes Regierungszeugs. Er hatte jedoch noch nie von einer geheimen Anlage so nahe an ihrer Stadt gehört und es erklärte auch nicht, welches Interesse die drei Freunde an dieser Anlage hatten. Humbold beschloss, den Vertrauensvorschuss, den ihm die drei Freunde mit dieser Offenbarung gaben, seinerseits zu festigen: „Und ihr hofft, dort euren Freund Pye zu finden?", riet er.

Diesmal war der Schrecken auf Seiten der Freunde und Humbold erkannte sofort, dass das nicht die Vermutung der Freunde war.

Elenie hatte sich am schnellsten gefasst. „Nein, wir glauben, dass dort mein Vater an etwas Geheimen arbeitet, und wir wissen, dass mein Vater mit dem Verschwinden von Pye ganz sicher etwa zu tun hat."

Die erste Nacht im neuen Zuhause

Pye hatte lange geschlafen. Großvater hatte ihm gestern sein neues Zimmer gezeigt und nach der ungemütlichen Nacht im Auto war Pye auch reichlich müde gewesen. Als Anna Maria keine 20 Minuten später nach ihm sah, schlief Pye bereits tief und fest. Pyes Träume waren wild und verwirrend gewesen. Er träumte, seine Freunde und er wären in seiner alten Schule festgenommen worden, man hätte sie weggebracht und weder Pye noch Jose, Koko oder Elenie hätten ihre Eltern verständigen dürfen. Einmal, mitten in der Nacht, war Pye von den Träumen hochgeschreckt. Ein unscharfer Rundblick durch sein neues Zimmer und er war wieder in den Schlaf versunken. Er erinnerte sich: Das war sein neues Zimmer, in einem neuen Haus in einem neuen Land.

Am Morgen schien die aufgehende Sonne so gerade noch durch den dünnen Vorhang in sein Zimmer, als Pye erwachte. Noch im Bett liegend musterte er sein neues Zuhause. Unter dem Fenster mit dem hellen Vorhang stand ein Schreibtisch samt Drehsessel und darauf zumindest ein Monitor. Rechts vom Fenster folgte eine lange hüfthohe Kommode, die bis zur Tür reichte. In der Mitte der Tür hing an einem der drei Haken seine Sporttasche. Nach der Tür folgte ein schmaler, leerer Garderobenständer. An der seitlichen Wand stand ein großer Doppelkasten mit Spiegeltüren, dann ein schmales Bücherregal und schließlich noch ein niederes Nachtkästchen an das sich sein Bett anschloss. Die Hälfte der Zimmerdecke war mit kleinen Sternen beklebt. Pye erinnerte sich, in der Nacht, als er hochgeschreckt war, einen Sternenhimmel gesehen zu haben. Für einen kurzen Moment, ehe er die Orientierung fand, wähnte er sich irgendwo im Freien. Die überhastete Flucht hatte offenbar ihre Spuren hinterlassen.

Pye setzte sich auf. Er hörte Stimmen. Sie schienen von unten zu kommen. Er glaubte Anna Maria und Großvater zu hören, war sich aber nicht sicher. Leise öffnete er die Tür zum Flur. Rechts von seinem Zimmer lag das Bad. Katzenwäsche. Das Bad war um einiges moderner und komfortabler als ihr Bad zu Hause. Pye schlich zurück in sein Zimmer, angelte sich seine Tasche und ließ sich von dem feinen Bad zu einer ausführlichen Morgentoilette überreden. Zähneputzen und vor allem duschen. Pye duschte ausführlich und genoss das Wasser. Es wirkte auf unerklärliche Art und Weise beruhigend. Ein frisches T-Shirt, seine kurze Trainingshose und er folgte dem Ursprung der Stimmen nach unten.

„Guten Morgen."

„Guten Morgen Pye", erwiderte Anna Maria und empfing ihn mit einem Lächeln.

„Regenwalddusche", konstatierte Großvater.

Pye stutzte.

„Der Duschkopf ist groß und breitflächig und irgendein Mechanismus nutzt die Fließenergie des Wassers, um Sauerstoff hinzu zu mengen. Damit verbraucht ein Duschbad nur mehr einen Bruchteil der bisherigen Wassermenge, aber viel besser noch, das Wasser fühlt sich seidig weich an, einfach herrlich." Jetzt lächelte Großvater über das ganze Gesicht. Pye verstand und nickte.

„Setz dich zu uns. Hast du Hunger?"

Pye hatte Hunger, großen Hunger und ganz viele Fragen.

„Wo sind Roger und deine Frau?", war seine erste Frage.

„Roger hat sich angeboten, Selma beim Einkauf zu begleiten. Jetzt, da mehr Leute in diesem Haus wohnen, brauchen wir auch mehr Lebensmittel. Möchtest du etwas Bestimmtes? Dann kann ich sie anrufen, damit sie es mitbringen."

Pye winkte ab.

Das Abenteuer

Das schwierigste für Koko, Jose und Elenie war überhaupt bis in die Nähe des Bürokomplexes zu kommen. Mit den Fahrrädern ging das nicht, weil es einfach zu weit war. Eine Möglichkeit war, den Bus zu nehmen, doch dann würden sie vor Ort alles zu Fuß laufen müssen und zumindest auf der Karte sah die Strecke von der letzte Busstation bis hinaus zu dem Gebäudekomplex ordentlich weit aus. Zudem hatte Chavrez, Elenies Vater, ihr sehr eigenartige Fragen gestellt. Er wusste offenbar, dass die Freunde in der Sache etwas auf der Spur waren. Er vermutete auch, dass die Freunde in seinem Homeoffice herumgeschnüffelt hatten, aber Elenie hatte das tapfer geleugnet. Gott sei Dank hatte Elenies Mutter dem sehr verhörähnlichen Gespräch ein Ende bereitet. Wer weiß, wie lange Elenie ihre Geschichte hätte aufrecht erhalten können. Koko und Jose waren bestürzt. Einerseits von Chavrez, der, obwohl Elenie seine Tochter war, ihr so zugesetzt hatte, und andererseits, weil Chavrez offenbar tatsächlich unmittelbar mit Pyes Verschwinden zu tun hatte. Es war also kein Zufall, dass Pye und Anna Maria beim Schulfest verschwunden waren, just, als Chavrez und Joses Onkel Rodriguez dort aufgetaucht waren. Ob und wie Mister Salamander in der Sache steckte, wagten sie nicht zu vermuten, obwohl – die Idee von Koko war: „Wir könnten doch Señor Humbold fragen, ob er uns mit dem Auto raus zu dem Bürogelände bringt. Auf seinem Wagen hätten unsere Räder prima Platz.“

„Und wenn er mit Chavrez unter einer Decke steckt?“

Jose gefiel der Gedanke, sich Señor Humbold auszuliefern, gar nicht.

„Aber sicher besser als deinen Onkel Rodriquez ins Boot zu holen“, ätzte Elenie, die aufgrund der Rolle ihres Vaters nichts unversucht ließ, Joses Onkel als auch entsprechend in die Sache verwickelt zu präsentieren.

Jose konterte: „Ich habe keine Ahnung, welche Rolle mein Onkel in der Sache spielt. Aber du kannst dir sicher sein, er ist nur ein gewöhnlicher Gauner. Er hat sich schon immer mit kleinen Gaunereien den Lebensunterhalt verdient. Ich nehme an, dein Vater bezahlt ihn für die eine oder andere Sache oder mein Onkel hat bei deinem Vater Schulden, die dein Vater fällig gestellt hat.“

Weder ließ Jose allzu Schlechtes über seinen Onkel kommen, schließlich hatte er Rodriquez von klein auf als den coolen Onkel in der Familie gesehen, noch wollte sich Elenie eingestehen, dass ihr Vater mehr zu verbergen hatte, als ihr lieb war. Für beide war es Familie und daher reichlich unvorstellbar, dass diese ihnen so vertrauten Personen in dieser Sache eine derart zwielichtige Rolle spielen sollten.

„Es ist doch sonnenklar“, übernahm Koko das Wort. „Eure Familien können wir schlecht bitten, uns zu helfen, schließlich versuchen wir etwas auf die Schliche zu kommen, worin sie beide verstrickt sind. Meine Großeltern haben zwar gewiss nichts mit der Sache zu tun, aber sie haben ja nicht einmal ein Auto, mit dem sie uns bringen könnten. Señor Humbold hängt in der Sache drin. Das haben wir auf dem Dachboden über seiner Garage eindeutig gesehen.“

„Das hast du eindeutig gesehen“, korrigierte Elenie Koko. „Schließlich bist du es gewesen, die dort eingebrochen ist.“

„Ja, und weil ich es war, die gesehen hat, was dort alles an der Wand hängt, kann ich euch versichern, dass Señor Humbold zwar an der Sache interessiert ist, aber wie es mir scheint, steht er mit uns auf der gleichen Seite. Er möchte das gleiche aufklären wie wir auch. Die unzähligen Bilder an der Wand zeugen alle davon, dass er einer mysteriösen Sache hinterherspürt, die seine Familie auf dem Gewissen hat. Das kann ein Hirngespinst sein oder mit unserer Sache zusammenhängen.“

„Humbold war aber auch schon öfter bei meinem Vater,“ gab Elenei zu bedenken.

„Das Risiko müssen wir wohl eingehen. Ich glaube nicht, dass ich mich täusche. Eher ist es dein Vater, der auf diese Weise versucht, herauszubekommen, was Humbold schon weiß."

„Du meinst, er hat Humbold als Gelegenheitsgärtner engagiert, um ihn kontrollieren zu können?" Jose hatte den Nagel auf den Kopf getroffen. Elenie schien diese Möglichkeit in Gedanken abzuwägen. Immerhin hatte sie beobachtet, wie ihr Vater Señor Humbold mit dem Fernstecher auch bei ihm zu Hause beobachtet hatte.

„Dann bleibt nur noch die Frage, wer geht zu Humbold, um ihn zu fragen?" Koko hielt unbeirrt an ihrem Plan fest.

„Ich denke", fasste Jose zusammen, „es ist an der Zeit, den Garten von Señor Humbold fertig zu trimmen. Das haben wir bislang gemeinsam gemacht, also sollten wir es genauso fortsetzen. Dabei ergibt sich sicher die Gelegenheit, mit Humbold ins Gespräch zu kommen."

Koko nickte, Elenie seufzte. Sie machte sich wohl gerade mehr Sorgen um ihren Vater und was der wohl unternehmen würde, wenn er die drei Freunde mit dem Fernstecher in Humbolds Haus beobachten würde.

Der Keller

Großvater und vielleicht auch Roger, dass wusste Pye nicht, waren fleißig gewesen. Der Keller des Hauses bestand aus einem einzigen großen Raum. Die Wände waren aus Sichtboton. An vier Stellen an der Decke glommen lange, schmale Neonröhren auf. Es dauerte kurz, bis sie ihre volle Leuchtkraft entwickelten und den Keller in ein unnatürlich grünes Licht tauchten. Pye schlich sich die letzten Treppenstufen hinunter. Der Raum war fast leer. An der Rückseite des Kellers, dort, wo die Stufen nach unten führten, säumten schmale Regale, die fast bis zur Decken reichten, die Wand. Schräg vor der Stufe stand ein banaler Schreibtisch mit einem dunklen Monitor darauf und einem altmodischen Bürostuhl. Die Sichtbetonwände waren über und über mit Zeitungsausschnitten, mit Ausdrucken und bunten Zetteln beklebt. Wie ein überdimensionaler Notizblock, dachte Pye. Er ging bis an den Schreibtisch und drehte sich einmal rundherum. Tatsächlich waren alle Wände bis auf die Rückwand beklebt. Bei genauerer Betrachtung erkannte er dünne Linien in bunten Farben, die einen Teil der Beklebungen miteinander verbanden. Vermutlich standen diese Ausschnitte zueinander und untereinander in einer bestimmten Beziehung. In den Regalen an der Rückseite des Kellers reihten sich auf fast der ganze Länge fein säuberlich schwarz gebundene Ordner. Ihre Rücken waren mit weißen Buchstaben gewissenhaft beschriftet.

Pye drehte den Kopf waagerecht, um die Beschriftung besser lesen zu können. Jeder Ordnerrücken trug zuerst eine Jahreszahl und darüber etwas wie ein Stichwort sowie einen Auszug aus dem Alphabet, wie etwa „n -o“ oder „p-r“. Jemand hatte sich also große Mühe gemacht, die Inhalte der Ordner nicht nur nach Jahren und Stichworten zu ordnen, sondern zusätzlich nach Anfangsbuchstaben. Eine ganze Etage des Regals trug als Stichwort Pye, ebenso sortiert nach Jahren, beginnend mit seinem Geburtsjahr. Irgendwie hatte Pye das erwartet. Doch seine Aufmerksamkeit erregte der erste Ordner in dieser Reihe. Darauf war nur sein Name, ohne Jahreszahl und ohne Buchstaben. Pye ging auf den Ordner zu.

„Du kannst es dir ruhig ansehen.“ Hinter Pye war Großvater auf der Stiege in den Keller heruntergekommen. Er nickte Pye aufmunternd zu. Pye war erschrocken. Er hatte Großvater gar nicht herunterkommen hören. Er drehte sich um. „Was ist das alles?“

„Das“, erwiderte Großvater und stieg die letzten Stufen herunter. „Das ist alles, was ich mit tatkräftiger Hilfe von Roger über die seltsamen Ereignisse bei uns zu Hause finden konnte. Da ist alles, was seit dem Verschwinden des Jungen in dem Wald bisher passiert ist. Das ist alles, was wir nicht zuletzt auch über deinen Vater in diesem Zeitraum finden konnten. In den Ordnern mit deinem Namen findest du die Ereignisse unmittelbar rund um dich, in den anderen Ordnern sind die Dinge, deren Urheberschaft wir deinem Vater zuschreiben und alles in allem ist es vermutlich das, was Elenies Vater unbedingt haben möchte.“

Großvater legte seine Hand auf Pyes Schulter. „Was war mit dem Jungen im Wald?“ Großvater dachte sichtlich, Pye würde die Geschichte kennen, und war erstaunt, dass dem nicht so war. „Du kennst die Geschichte nicht? Ich dachte, Roger hätte sie dir erzählt.“

Pye war sich nicht sicher, wie er antworten sollte. Hätte er die Geschichte kennen müssen? War sie Teil dessen, was Señor Humbold in seinem Garagendachboden versteckt hatte?

„Du meinst die Geschichte von Humbolds Familie?“, tastete sich Pye vorsichtig vor.

„Ja, ich meine die Geschichte des Jungen, der trotz intensiver Suche des ganzen Ortes nicht gefunden werden konnte. Die Polizei, alle Bewohner und selbst das Militär machten sich auf die Suche, doch von dem Jungen konnte keine Spur gefunden werden.“

„Und dann?“

„Dann war er plötzlich wieder da. Man beschuldigte seine Schwester, die Kinder hätten sich einen Spaß erlaubt. Doch nach alledem, was damals zur Suche unternommen wurde, glaube ich Rogers Version.“

„Rogers Version?“

„Er war der Junge, der damals verschwunden war. Auch wenn er sich an nichts mehr davon erinnern kann, er weiß zumindest, dass er es war, den das ganze Dorf suchte. Deshalb ist er ja später weggezogen. Er beteuert, sich an nichts zu erinnern. Aber seine Rückkehr und seine intensive Suche nach der damaligen Wahrheit sprechen für sich. Auch wenn Roger es nicht ausspricht, ich sage, die Freunde deines Vaters steckten dahinter. Und irgendwie hat er das damals ja auch zugegeben, ebenso wie den Unfall.“

„Du meinst den Unfall, dem die Frau und Tochter Mr. Salamanders zum Opfer fielen?“

Großvater nickte. „Ja diesen Unfall. Warum, glaubst du, hilft uns Roger? Er will die Wahrheit von damals herausfinden. Oder besser, wir glauben, die Wahrheit gefunden zu haben und um deinetwillen und vor allem um deiner Mutter willen hat Roger erkannt, dass es keinen Sinn macht, in dieser Sache weiter zu bohren.“

Die Betonung Großvaters auf „dieser Sache“ ließ Pye aufhorchen. „Was meinst du mit dieser Sache?“

Großvater schwieg. Pye insistierte: „Sag schon, was meinst du damit?“

Nach einer weiteren, kurzen Überlegungspause nahm Großvater die Hand von Pyes Schulter und setzte sich vor ihn auf den Drehstuhl, sodass sie fast Auge in Auge gegenüber waren. Ich glaube, dass das Verschwinden des Jungen und dessen Wiederauftauchen, dass der bedauerliche Unfall Mr. Salamanders Familie und vielleicht sogar deine Geburt kein Einzelfall waren. Wir haben ganz viele weitere mysteriöse Unfälle mit nie gefundenen

Unfallgegnern, von verschwunden und erinnerungslos wieder aufgetauchten Menschen gefunden und gesammelt. Wir glauben, es gibt da eine Art Muster oder zumindest einen Zusammenhang."

„Und meine Geburt?" Pye hatte verstanden, dass Großvater das am wenigsten gerne ausgeführt hatte.

„Wir glauben, dass du kein Einzelfall bist; es sozusagen auf der Erde weitere Halbbrüder oder auch Schwestern von dir gibt. Aber das ist nur eine Vermutung und ich würde es gut heißen, wenn du diesen Gedanken vorerst für dich behalten könntest. Es könnte bei Anna Maria einen falschen Eindruck erwecken."

Pye verstand nicht, aber er versprach Großvater, diesen Teil der Geschichte gegenüber seiner Mutter nicht zu erwähnen.

Eine Pause tut not

Pye brauchte Zeit für sich, Zeit zum Nachdenken. Die letzten Ereignisse und vor allem die Erzählungen seiner Mutter Anna Maria und auch Rogers brachten ihn ganz schön zum Grübeln. Es ging alles so schnell. Zuerst die überstürzte Flucht, dann plötzlich die Wahrheit über seinen Vater und wohl über ihn selbst und jetzt sollte plötzlich wieder alles Friede, Freude Eierkuchen sein? In einem neuen Haus, neuem Land abseits seiner Freunde? Pye brauchte gewiss Zeit für sich selbst, um all das Verarbeiten und sein Leben oder besser die Erinnerung daran neu zu sortieren: Er war ein halber Alien, deshalb lief vieles in der Vergangenheit anders und sein Vater, der war dann wohl ein richtiger Alien. Soviel zur Gelegenheit, ihn dereinst kennenzulernen, und das erklärt auch, warum Anna Maria stets so ein Geheimnis um ihn gemacht hatte. Sie wollte ihn schützen.

„Ich zeige euch eure neue Heimat", blinzelte Großvater dem großen Fenster hinter dem Küchentisch entgegen, in das sich langsam die Morgensonne schob. „Was haltet ihr davon? ich nehme euch mit runter an die Küste, ich zeige euch alles, ihr werdet begeistert sein."

Anna Maria nahm einen langen Schluck von ihrem Kaffee und schaute Pye erwartungsvoll an. Er entschied, ob sie fahren würden. Als er merkte, dass sie auf seine Entscheidung warteten, hielt Pye inne; den halben Pancake im Mund, die andere Hälfte auf der Gabel. Er dachte nach. Auf der Rückbank im Auto würde er in Ruhe nachdenken können. Das schien ihm eine gute Variante. „Ok, warum nicht", hörte er sich selbst sagen.

„Gefällt dir dein Zimmer?"

Großvater schob Pye einen Orangensaft über den Tisch. Pye nickte kaum merklich. Er wollte sagen, dass sein altes Zimmer auch sehr schön gewesen war, dass er sich Sorgen machte um seine Freunde und dass er noch gar keine Zeit gehabt hatte, sich sein neues Zimmer in Ruhe anzusehen. Aber er hörte sich wieder fast tonlos sagen: „Ja, ist schön."

Großvater war zufrieden. Anna Maria kannte Pye und sie wusste, dass diese Antwort mehr dazu diente, dem Fragendrang Großvaters ein Ende zu setzen, als eine ehrliche Antwort zu sein. Die Fahrt an die Küste war vermutlich wirklich eine gute Idee. Nicht, dass sie unbedingt die neue Heimat kennenlernen wollten, doch es würde die Gelegenheit bieten, um die aktuelle Situation zu überdenken.

„Ok, dann lasst uns nach dem Frühstück aufbrechen. Möchtest du noch ein paar Pancakes?"

Pye nickte. Er liebte Pancakes, aber das war schon in der alten Heimat so gewesen. Anna Maria konnte die weltbesten Pancakes machen. Angeblich hatte sie das Spezialrezept aus dem Diner von Suarez, ihrem ehemaligen Schulkollegen.

Großvater verließ den Raum. Er wollte für die „Besichtigungstour", wie er es nannte, schon mal alles klar machen. Pye und Anna Maria wussten sehr wohl, dass es für die Fahrt an die Küste keiner Vorbereitungen, wie es ihnen Großvater weismachen wollte, bedurfte. Aber Großvater wollte Anna Maria und Pye die Gelegenheit geben, sich unter sich zu unterhalten. Pye schwieg. Anna Maria verstand das. Aus Pyes Sicht hätte sie ihm schon viel früher die Wahrheit erzählen müssen. Sie hatte sich immer wieder eingeredet, es würde irgendwann einen passenden, einen geeigneten Moment dafür geben. Sie hatte sich dafür sogar schon die passenden Worte, wie sie fand, zurechtgelegt. In Wahrheit, und das musste sie eingestehen, war ihr Warten auf die passende Gelegenheit nur eine Ausrede, um sich der Wahrheit nicht stellen zu müssen. Die Fluchtnacht war ganz gewiss der denkbar schlechteste Zeitpunkt, um Pye mit der Wahrheit zu konfrontieren, doch angesichts der sich überstürzenden Ereignisse blieb Anna Maria gar nichts anderes übrig, als Pye die Wahrheit über seinen Vater zu offenbaren: Sein Vater war ein Wanderer von einem anderen Planeten und doch ein Mensch von eben dieser Erde. Im Grunde war es Anna Maria aber egal gewesen, was ihr Pyes Vater erzählt hätte, ob er ein Nachkomme von Ninhursags Kindern war oder von einem anderen Planeten stammte. Sie, Anna Maria, hatte sich in ihn verliebt und das war das einzige, was ihr in diesem Augenblick wichtig war, und das Einzige, was zählte.

„Es tut mir leid“, begann Anna Maria das Gespräch. Pye antwortete nicht, sah sie nur an. „Ich hätte es dir früher sagen sollen, vielleicht schon von Anfang an, aber ich dachte …“

Anna Maria schwieg. Was dachte sie eigentlich?

„Ich dachte, es würde sich eines Tages schon ergeben und alles, was mir bis dahin wichtig war, war, dass wir beide …“ Und Anna Maria ergriff Pyes Hand. „… dass wir beide zusammen ein normales Leben führen können.“

Der Verbündete

Humbold war pünktlich zur Stelle. Genaugenommen war er sogar schon fünfzehn Minuten vor Schulschluss mit seinem Pick up auf den Parkplatz vor der Schule gefahren. Elenie konnte von ihrem Platz in der Klasse aus den Parkplatz sehen.

„Pst." Elenie stupste Koko an, die eine Reihe schräg vor ihr saß. „Er ist da."

Koko wusste, was das zu bedeuten hatte: Die Exkursion, oder, wie Jose es nannte, die „Reise ins Ungewisse" stand unmittelbar bevor. Jose hatte Elenies Nachricht ebenso mitbekommen. Immerhin, dachte er bei sich, hält Señor Humbold Wort. Allein das sagt noch nichts darüber aus, ob er mit Elenies Vater unter einer Decke steckte oder selbst andere Ziele verfolgte. Schließlich wussten sie von Kokos „Einbruch", dass auch Humbold großes Interesse an den Ereignissen hatte, die die Regierung so unnachgiebig erforschte. Jose dachte an Elenie, die mit ihrer Familie womöglich nur genau zu diesem Zweck in ihre Stadt gezogen war – zufällig in das Haus in unmittelbarer Nachbarschaft von Humbold. Jose war fast überzeugt, dass sie einen Fehler begangen hatten, dass Humbold mit Elenies Vater Chavrez unter einer Decke stecken musste. Wie gern hätte er seinen Onkel Rodriguez mit in ihre Nachforschungen eingebunden. Aber von dem wusste er sicher, dass er mit Chavrez unter einer Decke steckte. Dennoch hatte Jose das unbändige Gefühl, wenigstens irgendeinem Menschen von der „Reise ins Ungewisse" erzählen zu müssen.

„Ich komme gleich wieder", flüsterte er zu Koko und entschuldigte sich bei ihrem Lehrer auf die Toilette. Elenie und Koko konnten sich keinen Reim auf Joses Vorhaben machen und hofften inständig, er würde keinen Blödsinn machen oder gar kneifen. Wenige Minuten später kam Jose wieder in die Klasse zurück. Er wirkte zufrieden, reagierte auf die fragende Aufforderung von Elenies fragend gehobenen Augenbrauen genauso wenig wie auf die fragende Geste, die ihm Koko mit der Hand entgegenwarf. Er war sich sicher, das Richtige getan zu haben, und ignorierte die Sorgen seiner Freunde. Der Pausenton brachte leben in die Klasse. Sprunghaft schnellte der Lärm quietschender Stühle und durcheinander rufender Schüler an. Der Lehrer trat die Flucht in das Konferenzzimmer an. Koko, Elenie und Jose packten ihre Sachen und liefen aus der Klasse in Richtung der Umkleiden. Dort deponierten sie ihre Schulrucksäcke und Hausschuhe und stürmten im Pulk mit den anderen Schülern vorne zum Schultor hinaus. Im Handumdrehen waren ihre Räder aus den Ständern befreit und sie machten sich auf auf den Parkplatz. Dort lehnte Señor Humbold erwartungsvoll an seinem Pick up. Als er die drei Freunde sah, klappte er die Heckklappe des Pick ups herunter. Das hätte er sich freilich sparen können. Mit Schwung schleuderte Jose sein Rad über die Seitenwange der Ladefläche, knapp gefolgt von Koko. Einzig Elenie, deren Rad entsprechend ihrer bisherigen Freundinnen wertiger war, ließ sich von Humbold helfen, das Rad auf die Ladefläche zu hieven, während Jose ein paar Meter zur Seite trat und ein Telefonat führte.

„Deine Mutter?“ wollte Koko wissen, doch Jose schüttelte nur den Kopf und wich mit seiner Antwort aus: „Nur eine Bekannte.“ Koko zog die Augenbrauen hoch, beschloss aber, nicht weiter nachzufragen.

„Na denn los, bin schon gespannt, was uns erwartet,“ begrüßte Mr. Salamander die Freude und öffnete ihnen die hinteren Türen. Elenie und Jose nahmen hinten Platz. Koko stieg vorne ein und nahm am Beifahrersitz Platz. Humbold startete und das tiefe Dröhnen des schweren Sechszylinders dröhnte durch den Wagen.

Wird er je zurückkehren?

Pye unterbrach seine Pancakes und erwiderte Anna Marias Blick. Er antwortete nicht auf Anna Maria. Im Grunde wusste er, dass sie nur sein Bestes wollte. Wer weiß, welche Kapriolen sein Leben geschlagen hätte, wenn er von seiner Herkunft gewusst hätte? So musste er sich nur wegen seines leicht speziellen Äußeren rechtfertigen. Er mochte gar nicht daran denken, was seine Schulkollegen zu dieser Wendung der Dinge gesagt hätten. Pye bezweifelte, dass diese allzu viel Verständnis für seine Geschichte gehabt hätten, geschweige denn, dass sie ihm die Geschichte geglaubt hätten. In jedem Fall hätte solch eine Geschichte auch über die Schulgrenzen hinaus für Schlagzeilen gesorgt. Dann wäre genau das passiert, wovor Anna Maria ihn offenbar bewahren wollte. Man wäre auf ihn und seine Besonderheit aufmerksam geworden. Es hätten sich sicherlich Beamte gemeldet, die gern mehr von der Geschichte gehört hätten, vor allem aber solche, die der Sache gern auf den Grund gegangen wären. Trug er denn tatsächlich Gene eines Außerirdischen in sich? Und was könnten solche Gene bewirken, wofür ließen sich diese Gene nutzen und zu guter Letzt, was würden Proben solcher Gene wohl wert sein?

Pye schauderte bei dem Gedanken, seine Kindheit nicht wie andere Kinder verbringen zu können, sondern von einem Beamten zum nächsten, von einem Forschungslabor zum nächsten weitergereicht zu werden.

„Danke“, war alles, was Pye Anna Maria erwiderte und doch mehr, als sich Anna Maria je erhofft hatte. Sie drückte erneut seine Hand und wusste, dass sie nichts zu erwidern brauchte.

„Noch ein Pancake?“

Pye winkte ab. „Nein, danke, ich denke, das reicht erstmal.“

Er schob den Teller mit den Resten des Ahornsirups von sich und griff nach dem Orangensaft, um die Reste des Pancakes hinunterzuspülen. Der Orangensaft schmeckte definitiv anders als zuhause. Pye konnte den Geschmack nur nicht genau zuordnen. Vielleicht war es auch die andere Umgebung. Sie hörten, wie Großvater das Auto vor die Tür fuhr.

„Scheint so, als hätte er alles vorbereitet“, kommentierte Pye das Geräusch des knirschendes Kieses.

Anna Maria nickte. „Du wirst sehen, du wirst dich hier wohlfühlen. Ich weiß, dass du deine Freunde vermisst oder besser noch vermissen wirst, aber ganz bestimmt findest du hier neue Freunde.“

Pye wollte gerade erwidern, dass er über WhatsApp ja Kontakt halten könne, da fiel ihm ein, dass das wohl eine reichlich dumme Idee war. Um nicht zu sagen, das könnte ihre ganze Flucht umsonst machen.

Lakritze, das war es. Pye war sich jetzt ganz sicher. Der Geschmack des Orangensaftes erinnerte ihn an Lakritze. Ganz leicht, nur ein Hauch und doch war in dem Saft unverkennbar der Geschmack von Lakritze zu er schmecken. Pye sog noch einmal kräftig am Strohhalm. Dann entfernte er den Deckel von dem Becher und nahm einen Schluck ohne Strohhalm. Das war es. Der Strohhalm, so eigenartig das klang, der Strohhalm schmeckte entfernt nach Lakritze.

„Kommt ihr?“ Großvater reckte seinen Kopf aus dem Flur in die Küche.

„Wir kommen schon“, bestätigten Pye und Anna Maria wie aus einem Mund. Anna Maria legte ihren Arm um Pye. „Ist doch schön hier.“

Pye stand auf und musterte die Küche, das angrenzend offene Wohnzimmer. Die Fenster ließen viel Licht herein, das sich auf dem weißen Steinfußboden spiegelte. Im Gegensatz zu seinem Zimmer hielt kein Vorhang die Sonne ab. Mitten im Wohnzimmer stand eine dreiteilige, cognacfarbene Ledergarnitur. Dazu ein niederer Glastisch und zwischen Dreier- und Zweiersofa eine moderne Stehlampe aus Aluminium mit dunklen Holzapplikationen. Pye schaute sich um. Er konnte keinen Fernseher sehen.

„Ja, er hat fest versprochen, dass er wiederkommt.“ Anna Marias Arm zog Pye förmlich vom Küchentisch in Richtung

Flur. „Er hat auch mir nicht gesagt, wann das sein wird, aber ich glaube fest daran.“

Auf zum geheimen Büro

Señor Humbold lenkte den Wagen gemächlich vom Schulparkplatz. Mit zwei orangenen Haltegurten hatte er die Räder Joses, Elenies und Kokos noch zusätzlich gesichert, obwohl bei dieser Fahrweise keine Gefahr bestand, dass sie sich verselbstständigten. Humbold fuhr sehr vorsichtig. Er schien die Ungeduld der Freunde zu spüren.

„Seit dem Unfall, bei dem ich einen Teil meiner Familie verloren habe, hat sich auch meine Fahrweise geändert“, suchte er sich zu rechtfertigen. „Meine Frau war sicher kein schneller Fahrer, aber ich gebe zu, mir die Frage, ob sich der Unfall hätte verhindern lassen, wäre sie nur langsamer gefahren, immer wieder und wieder zu stellen. Ich weiß, dass die Antwort auf diese Frage den Unfall nicht ungeschehen macht, aber zugleich habe ich ein schlechtes Gefühl dabei, die Schuld nur dem„ er stutzte, „Hindernis zu geben. Ihr werdet mich für verrückt halten, aber ich glaube die Geschichte der Behörden nicht, dass meine Frau von der Straße abgekommen sei.“

Humbold schien von den Freunden eine Reaktion abzuwarten während er seinen Pick up stadtauswärts lenkte. Mit jedem Kilometer wurde der Verkehr dünner. Nur wenige Autos verirrten sich in diese Richtung. Die meisten davon waren LKWs, die die Route als Verbindung zur nächsten Stadt im Westen nutzten. Rechts von der Straße lief ein schmaler, nun ausgetrockneter Graben, der bei Regen vermutlich das Wasser sammelte und als Abfluss diente. Bei den wenigen Feldwegen, die von der Straße nach rechts abzweigten, sorgten große Rohre dafür, dass das Wasser ungehindert unter diesen durchfließen konnte. Die Straße folgte ziemlich genau jener Stromleitung, deren Punkte die Freunde auf der Google-Maps-Karte bis zum blinden Fleck verfolgt hatten. Die Häuser links und rechts der Straße machten zunehmend einen verwahrlosten Eindruck, die letzten schienen verfallen, in jedem Fall unbewohnt. Links zog an ihnen eine alte Batterienfabrik vorbei. Nur mehr das riesige Namensschild über den Einfahrtstoren zeugte von einstiger Betriebsamkeit und gab eine Hinwies darauf, dass hier einmal Batterien assembliert wurden. In den Maschen des teils eingerissenen Zauns hingen vertrocknete Strauchballen, auf einer Art Parkplatz rotteten einige LKWs vor sich hin. Ein Symbol für die Bedeutungslosigkeit dieser Gegend, wie passend für geheime Büroanlagen, dachte Koko. Humbold schien immer noch auf eine Reaktion der Kinder zu warten. „Ich glaube, ihr jagt dasselbe Phantom wie ich auch“, gestand er.

Koko horchte auf. Aber war er einer der Jäger die auch hinter Pye her waren? Sollte sie ihren Einbruch und das Gefundene auf seinem Dachboden gestehen?

„Was auch immer es war, das diesen Unfall verursacht hat, es war, und davon bin ich überzeugt, das gleiche, das auch vor einigen Jahren den Jungen damals entführt hatte“, erklärte Humbold. „Von dieser Geschichte habt ihr vielleicht noch nichts gehört, aber der Unfall war nicht das erste Mysteriöse, was in unserem Ort geschah. Es sieht vielmehr so aus, als würde irgendetwas das Mysteriöse anlocken, sodass es immer wieder und wieder in unserer Nähe passiert.“

Die drei Freunde schwiegen. Hierzu hätten sie durchaus etwas beitragen können.

„Aber“, wagte Jose vorsichtig zu sagen, „wenn Ihre Frau mit dem Wagen unterwegs war, hätte sie doch, was auch immer ihr den Weg versperrte, im Scheinwerferlicht des Wagens rechtzeitig sehen müssen?“

Mr. Humbold nickte heftig, wie jemand, der schon ganz lange auf genau diese Frage gewartet hatte. „Das ist es ja eben, was auch mich lange beschäftigt hat. Doch dann habe ich recherchiert. Ich habe hunderte Fälle solcher mysteriöser Unfälle von überall auf der Erde zusammengetragen.“ Er schnaufte tief durch und Koko versuchte sich möglichst nichts davon anmerken zu lassen, dass sie die Bilder seiner Recherche sehr wohl kannte und gesehen hatte.

„Es ist nicht leicht zu erklären“, setzte er fort. „Ich will versuche, es euch an einem Bespiel darzustellen. Ihr wisst sicher, dass alles, was wir sehen, das Licht ist, das von dem Objekt, das wir anschauen, ausgestrahlt wird. Wenn wir einen roten Apfel ansehen, so sehen wir im Auge den roten Lichtstrahl von dem Apfel, bzw. ganz viele rote Lichtstrahlen, die den Apfel ergeben.“

Señor Humbold sah kurz zu Koko auf den Beifahrersitz und dann in den Rückspiegel, um in den Gesichtern abzulesen, ob die Freunde das verstanden hatten. „Ich glaube nicht, dass das Hindernis unsichtbar war, wie man vielleicht vermuten möchte. Ich glaube vielmehr, dass das Hindernis die Fähigkeit hat, den Lichtstrahl um sich herum zu lenken.“ Humbold glaubte ein Stirnrunzeln auf Kokos Stirn zu erkennen. Also verdeutlichte er seine Idee: „Wenn das Objekt oder Hindernis zwischen Apfel und Auge liegt, nimmt der hintere Teil des Objektes den Lichtstrahl auf, führt ihn um sich herum und gibt ihn vorne auf das Auto ab. Wie eine Umleitung auf der Straße, nur dass man als Betrachter die Umleitung aufgrund der Schnelle des Lichts nicht merkt.“

Koko, Jose und Elenie überlegten. „Also zum Beispiel wie ein silbriger Fisch, dessen Schuppen den Lichtstrahl des Apfels hinten aufnehmen und vorne wieder angeben?“, versicherte sich Elenie, ob sie die Beschreibung Humbolds richtig verstanden hatte.

„Das klingt logisch“, meinte Koko, „dann wäre im Lichtkegel des Autos die Straße hinter dem Objekt erschienen, wie wenn die Straße frei wäre.“

„Und bumm …,“ ergänzte Jose und war sich im gleichen Moment, wie er es sagte, bewusst, wie unpassend das jetzt gewesen war.

Die Rundfahrt, auf der vieles unsicher wird

Großvaters Auto war typisch amerikanisch. Es war groß, lang und breit und schaukelte gemächlich bei jeder Kurve. Pye hatte sich hinten auf der Rücksitzbank ausgestreckt und den Hals zum Seitenfenster verdreht. Anna Maria saß schweigend am Beifahrersitz, Großvater steuerte. Ja, steuerte. Gegenüber dem Fluchtauto nahm sich dieses Auto groß aus wie ein Schiff. Großvater dirigierte es die schmale Auffahrt zum neuen Zuhause hinunter und es war unvermeidlich, dass hie und da, links und rechts Büsche an der Karosserie entlangstrichen. Die Auffahrt war wirklich schmal. An ihrem Ende entdeckte Pye nun auch den halbhohen Mast, an dem der Postkasten und eigentlich gut ersichtlich die Kamera montiert waren, die die Privatstraße und auch den Querverkehr erfasste und auf einen Monitor im Haus übertrug.

Großvater schwenkte nach links, folgte also der Straße weiter, auf der sie gestern Abend bis zur Abzweigung aus Süden gekommen waren. Schon nach wenigen Kilometern Richtung Norden kreuzte diese Straße mit einer mehrspurigen großen. Großvater fuhr auf diese Straße Richtung Westen auf. Hier herrschte deutlich mehr Verkehr und sie führte auf einen sanften Hügel hinauf. Von dessen Kuppe aus konnte Pye das Meer erspähen. So weit im Abseits, so versteckt, wie Pye angesichts der Geheimniskrämerei und der Flucht vermutet hätte, so abgelegen war ihr Haus also gar nicht. Links und rechts der Straße wuchsen beschilderte Ortschaften aus den Hügeln und in der Ferne meinte Pye bereits so etwas wie die Silhouette von Los Angeles zu erkennen.

„Du wirst staunen", bemerkte Großvater Pyes Blick. „Sicher hast du dir unter Los Angeles eine mächtige Skyline, Wolkenkratzer und so vorgestellt, doch du wirst sehen, Los Angeles ist viel mehr. Es gibt eine schöne Küstenstraße, ebenso wie eine Promenade. Leicht außerhalb säumen moderne Villen die Straße und die Küste und davor liegt ein teils sehr breiter Strand, der allen gehört. Die Häuser an der Küste haben keinen eigenen Strand, schon gar nicht in der Stadt. Der Strand ist für jedermann. Du wirst staunen, was sich dort für Gestalten herumtreiben."

Damit meinte Großvater augenscheinlich die Fitnessjünger, die Creatives der Stadt und die Beautys, wie sie die schlanken hochbeinigen Mädchen nannten, an deren Körper sich die Schönheitschirurgen das nötige Kleingeld für die modernen Strandvillen verdienten. Schon die Zufahrt zu Los Angeles war gesäumt mit unzähligen Billboards, auf denen diese Chirurgen, Diätologen, Fitnesstrainer und Studios um ihre künftigen Kundschaften buhlten.

„Du bist also weiterhin davon überzeugt, dass er wiederkommt?"

Großvater riss mit seiner Frage Anna Maria und Pye aus ihren Betrachtungen. Als er merkte, wie unpassend die Frage war, war es schon zu spät.

„Du weißt ganz genau, dass er das versprochen hat. Er hat dir darauf sein Wort gegeben", parierte Anna Maria.

„Und du hast seither nichts mehr von ihm gehört", konterte Großvater.

Doch seine Stimme klang weniger nach einer konternden Feststellung als nach einer versteckten Frage. Ein subtiler Unterton, der Anna Maria vielleicht gar nicht auffiel, Pye hingegen schon. Zudem bemerkte Pye den verstohlenen Blick Großvaters in den Rückspiegel. Auch wenn er den Blick sofort wieder abwandte, Pye hatte es gesehen und Großvater hatte gesehen, dass Pye den Blick bemerkt hatte. Er wollte, warum auch immer, wissen, ob Anna Maria mit Pyes Vater noch in Kontakt stand. War es das, was die Regierung eigentlich wollte? Wollten sie wissen, wann sein Vater wiederkam, ihn erwarten, ihm sogar eine Falle stellen? Und wieso wollte Großvater das so genau wissen?

Das geheime Büro

Eine Weile, nachdem auch die letzten verfallenen Häuser und ehemaligen Fabriken aufgehört hatten, die Straße zu säumen, kam jene Stelle, an der die Stromleitung und der momentan trockene Wassergraben von der Asphaltstraße in schrägem Winkel abbog. Kein Hinweisschild, im Gegenteil. Der Schotterweg zweigte so unscheinbar wie möglich ab, verschiedene Fahrspuren in anderen Winkeln suggerierten sogar, dass es sich nicht um einen Weg sondern um eine Parkplatzausweiche handelte. Doch Koko war sich sicher und die hier ins Nirgendwo abbiegende Stromleitung samt dem trockenen Wassergraben ließen keinen Zweifel zu, das war die richtige Abzweigung in Richtung der geheimen Büroanlage. Señor Humbold drosselte das Tempo, bog rechts ab und behielt die langsame Geschwindigkeit bei. schließlich wollte er auf dem trockenen Feldweg nicht zu viel Staub aufwirbeln.

„Wie weit sollen wir auf dem Feldweg heranfahren?“, wandte sich Humbold an Koko. „Ich meine, nicht, dass sie uns schon von weitem sehen.“

Mr. Humbold hatte Recht. Wenn es ich wirklich um eine geheime Einrichtung handelte, würden sie das Gebiet und speziell die Anwege wohl geflissentlich kontrollieren.

„Kurz bevor der blinde Fleck auf Google Maps beginnt, gibt es dort vorne, leicht schräg nach rechts“, Koko deutete schräg nach rechts vorne, „einen niederen Hügel. Ich denke, dahinter sollten wir den Wagen und dann ...“ Koko schwieg. So recht wusste sie nämlich nicht, was dann folgen sollte. Sie hatte auch schon darüber nachgedacht, dass eine geheime Anlage sicherlich überwacht und bewacht wurde. Nachdem auf Google Maps das Areal nur als blinder Fleck ersichtlich war konnte sie sich keinen Plan ausdenken. Sie würden sich spontan etwas einfallen lassen müssen.

„Dann werden wir erstmal schauen, vielleicht mit den Rädern, vielleicht zu Fuß“, beendete Jose Kokos Satz und schien sichtlich stolz auf seine Erkenntnis. Elenie musste über Joses Selbstzufriedenheit lachen. „Naja“, ergänzte sie, „soviel mehr an Auswahl haben wir ja nicht.“

Joses Selbstzufriedenheit wich aus seinem Gesicht. Elenie fischte eine kleine Tüte M&Ms aus der Hosentasche, biss das Eck der Tüte ab und bot die M&Ms zuerst Jose, dann Koko an. „Wollen Sie auch welche?“

Humbold versuchte aus dem Augenwinkel zu erkennen, was Elenie ihm da auf der Rücksitzbank anbot, konnte aber die Tüte nicht sehen. „Was ist das?“

„Sie werden doch wohl M&Ms kennen“, echauffierte sich Koko.

Humbolds strafender Blick traf die wieder einmal vorlaute Koko: „Ja, ich kenne M&Ms, aber ich kann nicht um die Ecke oder gar nach hinten sehen, zumindest nicht, wenn ich euch sicher zu dem Hügel bringen soll.“

„Entschuldigung.“ Koko griff nach hinten nach der Tüte, nahm sie nach vorne und bot sie Humbold an. Der nickte und hielt ihr die flache, rechte Hand hin. Koko streute ein paar M&Ms darauf.

„Das waren die Lieblingsbonbons meiner Tochter, besonders die gelben. Sie schwor, dass die anders als die anderen Farben schmeckten und vor allem gefiel ihr die sonnige Farbe. Sie bringen Heiterkeit, sagte sie immer.“

„Das stimmt“, bekräftigte Koko.

„Dass sie Heiterkeit bringen?“

„Vielleicht, in jedem Fall finde ich auch, dass die Gelben anders schmecken“, erwiderte Koko und pickte sich einige gelbe M&Ms aus der Tüte.

Auf der Promenade

Außer den Joggern war um diese Zeit auf der Promenade noch nicht viel los. Einige Alterslose versuchten durch ihr tägliches Fitnessprogramm das längst sichtbare Altern aufzuhalten oder zumindest den Eindruck zu erwecken, wesentlich jünger zu sein, als dies ihre Falten und knochigen Erscheinungen signalisierten. Pye trottete gedankenversunken neben Großvater und Anna Maria her. Das Auto hatten sie in einem der Parkhäuser am Anfang der Promenade geparkt. Ein heruntergekommenes Haus, bei dem man sich vermutlich zu recht Sorgen machen konnte, ob nach dem Ausflug das Auto noch im Ganzem dort vorzufinden war. Pye erkannte die Promenade aus diversen TV-Serien wieder. Sie war genauso, wie sie dort als Hintergrund diente, nur dass an einigen Stellen die Palmen, die die Promenade säumten, verwelkt, kränklich wirkten.

„Und überhaupt, was soll das für ein Ehrenwort sein?“, attackierte Großvater aus heiterem Himmel die sichtlich erschrockene Anna Maria. „Das Ehrenwort von wem? Das Ehrenwort eines Südstaatlers, eines Nordstaatlers, eines Indianers, eines Mexikaners, eines Europäers?“ Mit einem Satz platzten Großvaters Bedenken, seine Sorge und wohl auch seine Wut aus ihm heraus. „Was ist das für ein Ehrenwort, was ist das für eine Kultur und was gilt dort ein Ehrenwort? Was wissen wir schon von seiner Kultur, was kann er schon von uns und unseren Erwartungen wissen?“

Großvater machte eine kurze Pause wenn auch nur um Luft zu holen. Er fuchtelte mit den Armen in der Luft und gestikulierte: „Wo kommt er her? Von einem fremden Planeten? Oder doch nicht? Doch von der Erde und wenn ja, von wo hier und vor allem von wann?“ Großvater schüttelte sich, als ob er damit all seine Fragen und Zweifel abwerfen wollte. Anna Maria war befremdet. Zugleich wusste sie aber, dass ihr Vater für sie und für Pye nur das Beste wollte. „Er wird wiederkommen, ich weiß es, ich spüre es."

Pye war einen Schritt hinter die beiden zurückgefallen, nun schloss er auf. „Hat er auch einen Namen? Ihr redet von ihm als ob er etwas Abstraktes wäre. Er ist schließlich mein Vater", wandte er ein und setzte leis nach: „… wenn auch für mich noch nicht lange."

Anna Maria legte ihren Arm um Pyes Schulter: „Er heißt Ziusudra. Dein Vater heißt Ziusudra. Seine Mutter wäre bei seiner Geburt fast gestorben, aber zwei Nibirianer haben sie mit ihrer modernen Medizin gerettet. Die beiden hießen Menerta, das war die Frau, und Adeptos, ihr Begleiter. Sie haben seiner Mutter das Leben gerettet und für sie und ihn ihre Medizin da gelassen. Aus Dankbarkeit hat seine Mutter ihn so genannt, wie Menertas Vorahn hieß: Ziusudra. Nach seiner Erzählung war das vor der von uns als Sintflut bezeichneten Katastrophe, die über die Erde hereinbrach. Kurz vor der Sintflut haben sich die Nibiruaner, so heißt das Volk Menertas und Adeptos', mit ihren Raumschiffen von der Erde zurückgezogen. Sie haben möglichst alles zerstört, was auf ihre Anwesenheit hätte hindeuten können. Selbst die Menschen, die den Besuch der Nibiruaner erlebt hatten, verschonten sie nicht und hofften auf deren Vernichtung durch die anstehende Sintflut, die ihre Wissenschaftler für die Erde vorausberechnet hatten. Nur ganz wenige Menschen konnten damals sowohl die Vernichtung als auch die folgende Katastrophe überleben, darunter auch seine Eltern, weil Enki, so etwas wie ihr Kommandeur oder Chef, ihnen heimlich geholfen hatte. Sie hatten sie vor der bevorstehenden Vernichtung und vor der anstehenden Katastrophe gewarnt und ihnen rechtzeitig Pläne zum Bau einer Arche übergeben, mit der sie die Katastrophe überdauern konnten."

Pye schaute ungläubig. „Aber dann ist er ja unendlich alt? Mein Vater ist dann fast 20.000 Jahre alt?"

Anna Maria lächelte, Großvaters Blick verhieß so etwas wie „da siehst du es“ oder „was habe ich gerade gesagt“. Anna Maria ließ sich nicht beirren: „Damals wurden die Menschen wesentlich älter als heute. Sie waren Nachkommen aus irdischen Menschen und den Nibiruanern und deren Lebensspannen sind nicht mit unseren vergleichbar. Ein Tag bei ihnen ist wohl so etwas wie 3600 Jahre bei uns. Dein Vater und seine Eltern waren Mischlinge, wie wir das heute wären. Ihre Gene waren vermengt und ihre Lebensdauer daher nicht mit unserer vergleichbar. Bei ihm leistete wohl auch die Medizin Menertas und Adeptos‘ einen Beitrag. Aber so genau weiß ich das nicht. Ich bin mir aber sicher, dass er dir das alles gerne beantworten wird, wenn wir ihn treffen.“

Anna Marias Blick ließ hieran keinen Zweifel.

Unter Beobachtung

Der Hügel war gerade hoch genug,dass der Pick up sich dahinter wegducken konnte. Señor Humbold drehte den Wagen noch um. Mit der Ladefläche voran fuhr er so nahe wie möglich an den Hügel heran. Von hier aus hatten sie eine perfekte Position, um jeden, der Richtung Bürokomplex fuhr oder von dort kam, zu bemerken, ohne selbst gesehen zu werden. Elenie und Jose kletterten auf die Ladefläche. Wenn sie sich ganz lang machten, konnten sie zwischen den dürren Gräsern auf der Hügelkuppe hindurch das flach in die Landschaft geduckte Bürogebäude erkennen. Durch die sirrende Luft zwischen ihrer Beobachtungsposition und dem Haus schienen dessen Kanten und Ecken unscharf. Es sah aus, als würde das Haus ganz leicht hin und her zittern.

„In meiner Seitenbox solltet ihr einen Fernstecher finden“, überraschte Humbold die beiden und wies auf die dunkelbraune Box, die fest auf der Ladefläche verschraubt war. Im Handumdrehen machte sich Koko daran zu schaffen, um den Deckel zu öffnen. Sie staunte nicht schlecht. Fein säuberlich, wie in einer professionellen Fototasche, fand sie zwei Ferngläser und ein Zielfernrohr, das sie aus Actionfilmen kannte. Man konnte dieses Zielfernrohr auf ein Gewehr montieren und dann aus großer Entfernung sein Ziel anvisieren.

„Ich sagte doch, dass ich schon länger auf der Jagd nach diesen mysteriösen Ereignissen bin. Mitunter braucht man dafür auch geeignete Ausrüstung.“

Humbold lächelte, als er sah, wie vorsichtig Koko die Ferngläser aus der Box hantierte. Koko erinnerte sich. Einige der Fotos in Humbolds Geheimkammer am Dachboden hatten die feine Kreuzlinienzeichnung eines Zielfernrohres.

„Kann man dadurch Fotos schießen?“ Koko hatte den Sinn sofort erfasst.

„Wenn man es mit einer geeigneten Kamera kombiniert, geht das ganz gut.“ Humbold winkte mit einer kleinen Digitalkamera in seiner Linken und bot mit seiner Rechten an, das Zielfernrohr daran zu befestigen. Koko fummelte zusätzlich zu den Ferngläsern, die sie Jose und Elenie reichte, das Zielfernrohr aus der Vergurtung in der Box. Mit zwei raschen Klicks befestigte Señor Humbold das Fernrohr an der Kamera, visierte einen Busch in der Ferne an und versicherte sich, dass das Zielfernrohr in Kombination mit der Kamera ordnungsgemäß funktionierte. Dann stellte er sich knapp neben Koko: „Es ist ganz einfach.“ Er hob die Kamera mit der Rechten auf Augenhöhe von Koko und stützte dabei das Fernrohr mit der Linken. „Du musst hier auf den Auslöser drücken.“ Er drückte zweimal und beide Male gefror das Bild auf dem rückseitengroßen Sucher der Kamera. „Und mit dieser Wippe kannst du das Motiv zusätzlich zum optischen Fernrohr noch weiter heran zoomen.“ Ein kurzer Druck auf die Wippe löste ein Surren der Kamera aus, das den Digitalzoom haptisch versinnbildlichte. „Aber Vorsicht, dadurch wird es gerne unscharf. Ideal ist es, wenn du die Kamera dabei irgendwo auflegen kannst.“ Mit diesen Worten gab er die Zielfernrohr-Kamera-Kombination in Kokos Hand. Koko kletterte zu Jose und Elenie auf die Ladefläche des Pick up. Sie überstieg die darauf liegenden Räder und stellte sich neben die beiden Freunde. Den rechten Arm schob sie unter das Zielfernrohr und legte dieses behutsam auf das Wagendach. Die Fokus-Automatik der Kamera visierte sofort auf das Gebäude. Mit einem kurzen Druck auf das digitale Zoom brachte sich Koko noch näher an das Geheimlabor heran.

„Na bitte“, murmelte Koko und schob den Kopf zur Seite. Jose und Elenie betrachteten auf dem Suchermonitor staunend ein scharf umrissenes Gebäude in fast greifbarer Nähe. Die Anlage war von einem hohen Maschendrahtgitterzaun umgeben, der sich scharf am Monitor abzeichnete. Ein großes, aber geschlossenes Einfahrtstor machte den Feldweg dorthin zur Sackgasse.

Rechts vom Einfahrtstor stand ein kleiner, gemauerter Turm mit Fenstern und hinter diesem Turm konnte man die gelb-schwarz-gestreiften Schranke erkennen, die sich über die ganze Breite der Fahrbahn spannte.

„Ein Portier und eine Schranke." Elenie sah ihre Chancen, unerkannt in das Gelände zu kommen, drastisch schwinden.

„Und ein drei Meter hoher Maschendrahtgitterzaun und ich wette, jede Menge Kameras und Sicherheitspersonal", ergänzte Jose. „Das war's dann wohl mit der Idee, heimlich auf das Gelände zu kommen."

Señor Humbold hörte die Resignation in der Stimme der Kinder. „Oder auch nicht", erwiderte er, ohne deutlicher zu werden. Koko, die Humbolds Gedanken zu folgen schien, frohlockte: „Er hat Recht, das ist es, so kommen wir in das Gelände."

Pye im neuen Zuhause

Als er erwachte, war es schon wieder spät am Morgen. Die Nacht über hatte er gut geschlafen. Nur einmal war er hochgeschreckt, wusste aber danach nicht mehr, ob er das Geräusch, das ihn aufweckte, wirklich gehört oder nur geträumt hatte. Jedenfalls war es, als er sich im Bett aufsetzte, im ganzen Haus völlig ruhig gewesen. Auch jetzt, als er sich streckte und den Kopf unter der Decke hervorstreckte, war es still. Pye setzte sich auf. Er lauschte – kein Geräusch. Auch als er sich anzog und anschließend über den Flur ins Bad schlurfte, kam es ihm seltsam leer im Haus vor. Während er gestern von unten die Stimmen seiner Mutter und von Großvater gehört hatte, schienen die beiden im Augenblick nicht zu Hause zu sein.

Nach der Morgentoilette sah sich Pye im Erdgeschoss um. Im Gegensatz zu seinem alten Zuhause war dieses Haus als Ganzes neu eingerichtet worden. Alles passte zueinander, harmonierte auf eine bestimmte Weise. In seinem alten Zuhause gab es Dinge, die tatsächlich nicht zum Rest der Einrichtung passten. und doch waren sie ein liebgewonnener Teil davon, und doch hingen an diesen unpassenden Dingen Erinnerungen und gaben der Küche, dem Essplatz und dem Wohnzimmer einen besonderen Charme.

Pye öffnete die Terrassentür und ging auf die Veranda hinaus. Die Sonne warf ihre Strahlen schon weit über das Hausdach und würde bald die ganze Terrasse erreichen. Kein Wunder, schließlich hatte Pye lange geschlafen. Vielleicht war es auch das, was ihm komisch vorkam. Er war es gewohnt um diese Zeit in der Schule zu sein, schließlich war Mittwoch, ein ganz normaler Wochentag. Er dachte an Koko, Elenie und Jose, die wohl gerade eben in ihrer Klasse saßen und Physik paukten. Mittwoch zwischen 10.30 und 11.30 Uhr war Physikstunde.

Der Blick über die Veranda auf die Hügel hinaus war schön. So wie die Inneneinrichtung des Hauses schien auch im Garten jedes Teil aufeinander abgestimmt. Die niedere, umlaufende Hecke war sauber gestutzt, der Rasen bis auf drei kleine Blumeninseln, bei denen ohne Umrandung einige schlichte Blumen ihre Blüten in die Höhe reckten, kurz gemäht. Pye fand, es sah aus wie aus einem Verkaufsprospekt. Nachdem wirklich niemand zu Hause war, beschloss Pye sich sein neues Zuhause näher anzusehen und soweit er sich das vorstellen konnte, befanden sich die spannendsten Dinge immer im Keller.

Einbruch der Nacht

Zwei Stunden später war es dunkel und mit der Dunkelheit wurde es auch überraschend frisch draußen außerhalb der Stadt. Koko war immer wieder auf die Ladefläche des Pick up geklettert und hatte zu dem Bürokomplex hinüber gespäht. Doch dort tat sich nichts. Jetzt, wo der Komplex im Dunkel lag, konnte man mit freiem Auge die hell erleuchteten Fenster sehen und selbst die sich dahinter bewegenden Menschen konnte man auf die Entfernung erahnen.

„Ich denke, es ist so weit, wir können los." Koko hatte die anderen immer noch nicht in ihre Idee eingeweiht, wie sie auf den Stützpunkt beziehungsweise in das Bürogebäude kommen sollten.

„Wir schwimmen hinein", erläuterte Koko und hätte gerne die sicher verdutzten Gesichter ihrer Freunde gesehen, doch es war zu dunkel dafür. Also wartete sie einen Moment um dann fortzufahren: „Wir nutzen den ausgetrockneten Bach." Sie warf einen Stein ungefähr in die Richtung, wo der Entwässerungsgraben verlief. „Versteht ihr nicht?" Koko schwieg wieder für einen Moment, um dann theatralisch fortzufahren: „Der Entwässerungsgraben folgt der Schotterstraße, damit sie bei starkem Regen nicht zu einer Schlammpiste wird wie früher unsere Straße vor unseren Häusern. Der Entwässerungsgraben folgt dem Schotterweg und der Schotterweg führt in den Bürokomplex und zu dem davor liegenden Parkplatz. Auch der Parkplatz wird sicher aus dem gleichen Grund entwässert. Nachdem der Entwässerungsgraben nicht offen in die Anlage verläuft, wird er irgendwo vor dem Checkpoint verrohrt worden sein. Ein perfekter Zugang."

Koko und die Freunde vernahmen ein lautes Rascheln, dann zwei dumpfe Polterer und dann die fluchende Stimme Señor Humbolds: „Nichts passiert, ich wollte euch nur die hier bringen und dabei sind mir zwei auf den Fuß gefallen." Humbold trug drei große Militärtaschenlampen vom Pick up zu den Freunden herüber. „Die Idee ist gut, aber ohne die hier werdet ihr da unten nichts sehen.“

Er reichte den Freunden die Lampen. Elenie knipste sie gleich an und erntete umgehend Schelte von Jose und Koko.

„Entschuldigung.“ Elenie machte die Lampe sofort, aus als sie in deren Schein das bestürzte Gesicht Kokos sah. „Aber wir sind doch hinter dem Hügel“, wollte sie sich rechtfertigen, doch Humbold unterbrach sie: „Die Lampen sind sehr stark und selbst ihren Schein kann man kilometerweit sehen. Ihr solltet vorsichtig damit sein“, ermahnte er.

Elenie hatte verstanden. „Und das Rohr ist groß genug, dass wir durchgehen können?“

„Gehen wohl kaum“, erwiderte Jose.

„Eher kriechen“, fügte Koko an, „Wenn nicht gar auf dem Bauch robben.“

Koko war sich sicher, dass das Rohr zumindest zum Kriechen reichen würde, doch sie machte sich über etwas anderes Sorgen. „Haben Sie zufällig eine Metallsäge oder Feile im Pick up?“

Trotz der Dunkelheit konnte man sehen, wie Señor Humbold den Kopf schüttelte. „Die Lampen und das Zielfernrohr brauche ich schon mal, um irgendeiner Sache auf den Grund zu gehen oder etwas zu beobachten, aber deshalb führe ich noch lange kein Einbruchswerkzeug mit mir.“ Er schien in Gedanken seinen Werkzeug Koffer am Pickup durchzugehen. „Ich habe nicht einmal eine normale Holzsäge dabei, aber vielleicht hilft auch eine Schraubklemme?“

„Nehmen wir“, beschied Koko. „Packt die Lampen und die Schraubklemme zusammen, sodass wir sie auf den Rädern transportieren können. Komm, Jose, wir machen die Räder startklar.“

Humbold half Jose und Koko, die Räder auf der Ladefläche loszubinden und herunter zu heben. Nicht, dass Jose und Koko das nicht auch alleine geschafft hätten, doch Humbold machte sich Sorgen um die Außenlackierung des Pick ups. Er hob die Räder, die ihm Koko und Jose reichten, über die Flanke und stellte sie sorgfältig ab. Koko kletterte von der Ladefläche herunter. Es dauerte eine Weile, bis sie in der Dunkelheit die Radbeleuchtungen gefunden hatte. Durch einen kurzen Ruck trennte sie das Stromkabel vom Dynamo. Sie wollte nicht, dass die Freunde eine unbedachte Handlung verriet. Selbst über den Reflektor hinten, unterhalb des Sattels, stopfte sie bei jedem Rad einen Streifen aus Stoff.

„Hat jemand einen Kaugummi?“

Elenie streckte Koko eine halbleere Packung mit vier Streifen entgegen. Koko nahm den ersten und kaute ihn. Dann schraubte sie den Klingeldeckel des ersten Rades ab und verklebte die Klingel mit dem Kaugummi, ehe sie die Abdeckung wieder darauf drehte. Schließlich galt es, ohne Licht die holprige Schotterstraße entlang zu fahren und da durfte die Klingel nicht anschlagen. Koko rüttelte das Rad und kein Ton erklang. Sie war zufrieden.

Kündigt sich die Rückkehr an?

Als Pye mit Großvater aus dem Keller wieder hochgestiegen war, schien sich irgendetwas im Verhältnis der beiden verändert zu haben. Pye spürte, dass Großvater ihm nicht alles gesagt hatte. Kein unangenehmes Spüren in dem Sinn, als ob er etwas verheimlichen würde, eher jenes Empfinden, was man hat, wenn jemand einen schützen will, indem man ihm nicht die ganze Geschichte erzählt, nicht die ganze Wahrheit oder zumindest nicht alle Details erwähnt. Pyes Gedanken rasten. Zum zweiten Mal unmittelbar hintereinander hatte er so viele neue Informationen erhalten, dass er nicht recht wusste, wie diese alle zueinander passten: Er war geflohen und hier gelandet. Zum ersten Mal hatte er eine Geschichte über seinen Vater gehört, die ihm plausibel und unglaublich zugleich schien. Er hatte Dinge über Señor Humbold gehört, die ihn in neuem Licht erscheinen ließen, und Eigenartiges von Roger gesehen. Und nun ging Großvater hinter ihm die Treppe hoch, hatte ihm weitere Sachen erzählt und schien noch mehr erzählen zu wollen. Pye nutzte diese Gelegenheit, obwohl die Lage schon unübersichtlich genug schien. „Warum hast du so lange gewartet, um mir all das zu erzählen? Warum hast du Anna Maria glauben lassen, du würdest nicht auf ihrer Seite stehen?“

Ohne sich umzuwenden spürte Pye, wie Großvater mit sich rang. „Deine Mutter, Anna Maria, hat stets fest geglaubt, dein Vater würde wiederkommen, und irgendwie schien sie zu denken, ihr könntet dann ein normales Leben wie jede andere Familie auch führen. Ich hab das nie geglaubt.“ Sie erreichten die oberste Stufe und Großvater schloss die Kellertür hinter sich. „Und ich glaube das auch jetzt nicht. Dein Vater ist woanders her und es wird für euch nie ein Leben wie bei einer normalen Familie geben.“

„Aber jetzt hilfst du uns?“

„Ja, denn es hat sich etwas Entscheidendes geändert.“

Pye zog die Augenbrauen hoch, fragend, um Großvater zu ermuntern weiter zu sprechen.

„Dass sie euch in Mexiko nach so vielen Jahren nun näher gerückt sind, ist kein Zufall“, gestand Großvater. „Es hat sich etwas verändert und das bringt auch mich zu einer neuen Sicht der Dinge. Großvater überholte Pye, hockte sich vor ihm auf den Boden. „Wir glauben, es gibt Anzeichen, dass er zurückkommt.“

„Dass wer zurückkommt?“

Anna Maria war überraschend die Hände voller schwerer Tüten in den Flur getreten. Großvater legte den Schweigefinger an seine Lippen, um Pye zu signalisieren, dass das, was sie gerade gesprochen hatten, nicht für Anna Maria gedacht war.

„Roger, er wird sicher gleich mit Selma zurückkommen“, antwortete Großvater rasch auf Anna Marias Frage und mühte sich sichtlich aus der Hockposition vor Pye, um wieder auf die Beine zu kommen. „Er ist nur schnell losgefahren um einige Einkäufe zu erledigen.“

„Ich dachte das wäre mein Job gewesen“, zuckte Anna Maria die Achseln und hob die Tüten an dem noch immer in Versteinerung verharrenden Pye vorbei auf die Kücheninsel. „Na, schon eingelebt?“ Anna Maria wartete auf keine Antwort von Pye. „Hilf mir das Zeug auszupacken, und Vorsicht, die Sachen aus der gelben Tüte sind für den Kühlschrank gedacht, also bitte gib acht, dass sie auch dorthin kommen.“

Pye begann wie in Trance, die Tüten zu durchwühlen und deren Inhalt in den unterschiedlichen Küchenkästchen verschwinden zu lassen. Großvater hatte ihm soeben die Rückkehr seines Vaters in Aussicht gestellt.

Die Freunde starten los

Die Kühle der Nacht sorgte für zusätzlichen Schauer, als die Freunde in stockdunkler Nacht und ohne Beleuchtung langsam den Schotterpfad in Richtung des Bürokomplexes entlang radelten. Je näher sie der Umzäunung mit den Gebäuden dahinter kamen, desto mehr Details konnten sie hinter den erleuchteten Fenstern erkennen. Koko fühlte sich an einen Ameisenhaufen erinnert, der nach außen einen unscheinbaren Hügel abgab, in dessen Innerem jedoch hektische Betriebsamkeit herrschte. Reichte dieses Büro ähnlich einem Ameisenhügel auch unterirdisch tief hinab? Gab es wie bei einem Eisberg unter dessen Spitze verborgene, weitaus größere Bereiche, denen auch mehr Gefahr innewohnte? Koko wusste es nicht. Sie versuchte sich auf den dunklen Pfad zu konzentrieren und den Anschluss an Elenie nicht zu verlieren. Der Lenker des Rades hüpfte auf dem Schotter unruhig hin und her. Hinter sich hörte sie Jose sich abmühen, um mit dem Rad auf dem Pfad zu bleiben. Als Elenie schließlich anhielt und vom Rad abstieg, waren sie schon gefährlich nahe am hellen Lichtschein des bewachten Einfahrtstores. Die drei schoben ihre Räder nun nach rechts in den Graben hinunter und legten sie dort zu Boden. Es war schwierig, sich in der Dunkelheit zurechtzufinden. Auf dem Schotterpfad hatte ihnen der beleuchtete Bürokomplex als Orientierung, als Zielvorgabe gedient und sie wussten, wenn sie diesen aus der Mittelung verloren, galt es mit leichtem Lenkeinschlag entgegenzuhalten. Hier unten im Graben konnte man buchstäblich die eigene Hand nicht vor den Augen sehen. Die Grabenwände schienen einen Schatten zu werfen.

„Alles klar?“ Koko hatte die Führung übernommen.

„Alles klar, aber ich dachte nicht, dass es hier draußen in der Nacht so kalt wird“, jammerte Elenie. Jose schwieg und schlich wie die anderen gebückt auf das Ende des Grabens zu. Wenigstens lag der Graben weit genug rechts, um nicht von dem Lichtschein der Scheinwerfer bei der Einfahrt erfasst zu werden.

„Sieht ruhig aus."

Die drei spähten aus dem Graben in Richtung der Einfahrt, konnten dort aber keine Wachen erkennen. Die Silhouetten in den Fenstern der Gebäudestockwerke ließen nun sogar einzelne Unterschiede erkennen. Der Eingang zu dem Abwasserrohr empfing die drei mit einem lauen, modrig riechenden Luftstrom.

„Echt jetzt?" Elenie hatte sich in den letzten Monaten mehr und mehr an ihre neuen Freunde angepasst, doch es steckte natürlich immer noch die alte Elenie in ihrer Haut, samt ihren eitlen und pingeligen Freundinnen. „Das riecht wirklich eklig."

Jose schien das ebenso wenig zu stören wie Koko. Sie hockten sich vor das Rohr, das tatsächlich groß genug war, sodass sie, wenn auch stark gebückt, durchgehen konnten. „Immerhin, wir werden nicht kriechen müssen", erkannte Koko.

„Noch nicht", ergänzte Elenie ernsthaft besorgt. Das Abwasserrohr gähnte den dreien wie ein tiefer Schlund entgegen. Koko betrat es als erste. Langsam, sich mit nach vorne ausgestreckten Händen an den Rohrinnenseite entlangtastend, verschwand Koko in der Schwärze. Elenie und Jose zögerten. Sehen konnten sie Koko nicht mehr, aber sie hörten ihren schlurfenden Gang und gelegentlich das Klackern der an die Rohrwand anstoßenden Taschenlampe.

„Du zuerst", versuchte Elenie Jose den Vortritt zu überlassen, als im Rohr plötzlich ein gleißendes Licht anging, für den Bruchteil einer den Ausgang des Rohres in Tageshelle tauchte, um ebenso plötzlich wieder zu erlöschen.

Vom Einkauf zurück

Anna Maria kramte die Taschen und Tüten leer und füllte die Anrichte, die Kochinsel und die Arbeitsfläche der Küche mit den Einkäufen. Pye staunte über die Vielfalt an Produkten. Offenbar hatte das Angebot Anna Maria überwältigt. Er kannte seine Mutter als praktisch veranlagt. Sie kaufte, was benötigt wurde. Auch wenn die Haushaltskasse es zuließ, kaufte sie nie über die Stränge.

Anna Maria schien Pyes Blick auf ihrem Rücken zu spüren. „Ja, ich weiß. Es war aber zu verlockend. Die Auswahl ist nicht nur seitens der Hersteller größer, es gibt auch viel mehr verschiedene Nuancen des gleichen Produkts."

Anna Maria drehte sich zu Pye um. In ihrer Rechten hielt sie Erdnussflocken mit weicher Kruste, in ihrer Linken mit Crunchy Kruste. Pye bezweifelte, ob es tatsächlich einen Unterschied zwischen dem Angebot in Amerika und Mexiko gab. Er führte den Unterschied eher darauf zurück, dass Anna Maria zu Hause in stets dem gleichen und nebenbei bemerkt nicht gerade großen Supermarkt einkaufen ging. Pye war überzeugt, dass sich in den großen Märkten kurz außerhalb der Stadt auch in Mexiko eine ähnliche Produktvielfalt finden ließ. Aber diese Märkte mied Anna Maria. Zum einen lagen sie definitiv nicht auf ihrem Arbeitsweg und der Umweg hätte die Möglichkeiten dieser Märkte mehr als wett gemacht und zum anderen legte sie zu Hause Wert auf die Regionalität ihres Einkaufes, wie sie es nannte. Vielleicht mochte sie einfach auch die großen Märkte nicht, wo man angesichts des überbordenden Angebots mehr Zeit damit verbrachte, zwischen fast gleichen Produkten abzuwägen, als man Zeit für den eigentlichen Einkauf brauchte.

Anna Maria wartete nicht auf eine Reaktion Pyes. Sie wusste selbst, dass sie es übertrieben hatte. Vielleicht versuchte sie mit dem Einkauf auch auf andere Gedanken zu kommen. Wie dem auch sei, es war ihr gelungen, sich und augenscheinlich auch

Pye abzulenken und in den nächsten Tagen und Wochen sollte es ihnen in ihrem neuen Zuhause an nichts fehlen.

Anna Maria war fertig mit auspacken. Sie räumte die leeren Tragetaschen und Tüten weg und ließ Pye allein in der Küche zurück. Der stand vor einem fast unüberblickbaren Haufen an Waren, die es galt, in den Fächern, Schränken und Laden der Küche zu verstauen. Das gestaltete sich mitunter nicht als einfach. Zu Hause wusste Pye, wo Anna Maria welche Produkte erwartete, hier war alles anders. In einigen Schränken befanden sich bereits Vorräte, andere waren noch gänzlich leer, fabrikneu sozusagen. Nach kurzem Überlegen entschied sich Pye, die Küche so zu bestücken, wie er das von zu Hause auch gewohnt war. Die wenigen, schon in den Schränken befindlichen Sachen, insbesondere die Basis des heutigen Frühstücks, räumte er daher aus den Schränken und begann die Küche damit neu zu strukturieren. Wenn er und Maria hier künftig leben sollten, dann sollte wenigstens die Küche so praktisch zu nutzen sein, wie dies zu Hause der Fall war.

Die Freunde unter Tage

Reflexartig hatten Jose und Elenie die Hand vor die Augen gerissen, als sie der Lichtstrahl für einen Augenblick traf, dann vernahmen sie den Fluch, den Koko ausgestoßen hatte: „Dieses vermaledeite Ding ist verkehrt herum." Dann wurde es für einen Moment still. Jose und Elenie hörten, wie Koko an etwas herumhantierte, dann tauchte plötzlich der Gang vor Koko in helles Licht und Koko wandte sich zu Jose und Elenie um. „Ich hatte diese verdammte Lampe verkehrt herum in der Hand."

Elenies und Joses Erleichterung war fast greifbar. Nicht nur, dass es Koko selbst war, die sie kurz zuvor in gleißendes Licht getaucht hatte und nicht eine Abwehrmaßnahme des Bürokomplexes, nunmehr lag das Rohr bis weit nach hinten auch in hell erleuchtetem Zustand vor ihnen. „Wir wollen hoffen", fügte Koko hinzu, „dass draußen niemand den Lichtblitz gesehen hat."

„Das war sicher zu kurz", beruhigte Jose und verbarg damit zugleich seine Freude, dass sie jetzt nicht mehr in das dunkle Ungewisse des Rohres vordringen mussten. Er und Elenie schlossen zu Koko auf. Die Rohrinnenwand war staubig und rostig. Auch wenn hier vielleicht schon länger kein Wasser mehr durchgeronnen war, so hatte Rost durch die Luftfeuchtigkeit dem Rohr doch schon ordentlich zugesetzt. Kokos Haare hinterließen an der inneren Unterkante des Rohres lustige Schleifspuren, wie wenn ein Staubwedel über einen mit einer dichten Staubschicht bedeckten Tisch gezogen worden wäre. Auch wenn sich die drei bemühten, so leise wie möglich vorwärts zu kommen, so hallte doch jeder ihrer Schritte im Echo des Rohres hohl und dumpf wider.

„Immerhin kein Gitter", flüsterte Koko.

„Und keine Kameras", ergänzte Jose, „zumindest nicht in diesem Bereich."

Selbst das Flüstern der Freunde hallte in dem Rohr mehrfach wider, unterlegt von einem halligen, hohlen Grundton. Koko hob die linke Hand als Zeichen für die anderen anzuhalten. „Hört ihr das?“, flüsterte sie. Jose und Elenie blieben wie angewurzelt stehen und bemühten sich, absolut kein Geräusch zu machen. Jose nickte. Da war ganz deutlich eine Art Brummen zu hören. Es klang nach einem technischen Brummen. Auch wenn der Hall des Rohres den Ton sicherlich verzerrte, klang es nach einer Art Motor. Das Brummen war dabei nicht bloß ein durchgehend gleichförmiges Brummen, sondern schwoll an, wurde lauter und im nächsten Augenblick auch wieder leiser. Die Grundfrequenz blieb in etwa dieselbe.

„Was ist das?“, fragte Jose

„Wir werden es herausfinden müssen“, gab sich Koko forsch und schlich weiter. Nach rund 20 Metern gabelte sich das Rohr in eine linke und rechte Röhre.

„Links“, beschied Koko. Links ging es nach ihrer Einschätzung eher in Richtung des Bürokomplexes, lag er doch als Ganzes links von dem Rohr und dem Graben. Zudem drang aus dem linken Rohr das Brummen, dessen Quelle mit jedem weiteren Schritt in diese Richtung näherzukommen schien. Elenie blickte sich um, doch das Rohr hinter ihnen wurde zur Gänze wieder von der Dunkelheit verschluckt. Man konnte das Ende des Rohres, wo sie es betreten hatten, maximal erahnen. Elenie war gar nicht wohl zumute. An den modrigen Geruch hatte sie sich inzwischen gewöhnt, doch irgendwie war der Zeitpunkt gekommen, wo sie begann, sich über sich selbst zu ärgern. Sie hätte sich auf dieses Abenteuer nie einlassen dürfen. Ihre Freundinnen hatten vielleicht Recht. Koko, Jose und Pye waren durchaus besonders. Vielleicht hätte sie ihren Vater einfach zur Rede stellen sollen und vielleicht hätte der ihr auf einfache Weise und ganz plausibel die Vorkommnisse erklären können. Pyes Familie könnte in ein Verbrechen verwickelt sein und deshalb hätten sie fliehen müssen. Oder Pes Mutter hatte große Schulden und nun flohen sie vor den Geldeintreibern der Gläubiger. Elenie wusste, das nun die Fantasie mit ihr durchging, und doch schienen ihr diese fantastischen Erklärungsversuche angenehmer als dieser dunkle, modrig stinkende Tunnel und das, was sie am vermutlich am Ende des Tunnels erwarten würde.

Der silberne Koffer

Noch während Pye damit beschäftigt war, die Tüten in den Kühlschrank zu verstauen, kamen auch Roger und Großvaters Frau Selma zurück. Pye hatte noch nie die Gelegenheit gehabt, längere Zeit mit Selma zu verbringen. Wenn Großvater sie in Mexiko besuchte, war Selma selten mit. Da Anna Maria und Großvater bislang ein geradezu unterkühltes Verhältnis unterhielten, besuchten sie Großvater und Selma so gut wie nie in deren Zuhause im Norden. Die wenigen Tage, an denen Pye bei Großvater und Sema im Norden verbracht hatte, war es fast ausschließlich Großvater gewesen, der sich mit ihm beschäftigte. Sema wirkte stets zurückhaltend. Vielleicht mochte sie aber einfach nicht an Pyes Erinnerung an seine richtige Großmutter zu kratzen und hielt sich aus Rücksicht darauf im Hintergrund.

„Wo wart ihr?“, suchte Pye Selma in ein Gespräch zu locken. Selma war stets proper gekleidet. So auch jetzt bei ihrer Einkaufstour. Sie verstand es, durch ruhige Gesten wie eine Lady zu wirken und hierzu gehörte wohl auch, auf eine Frage nicht sofort wie aus der Pistole geschossen zu antworten. Selma stellte zwei Papiertaschen mit ihren Besorgungen neben der Kücheninsel ab. Pye erkannte darin Kleidung.

„Wir haben einige Dinge für dich besorgt.“

Pye war überrascht. „Für mich?“

Selma nickte und Roger, der nun ebenfalls in die Küche kam, bekräftigte Selmas Aussage mit einem freundschaftlichen Klopfen auf Pyes Rücken. „Wir dachten, so überhastet, wie ihr in Mexiko aufgebrochen seid, habt ihr bestimmt Wichtiges vergessen.“

Wenn Pye sich nicht täuschte, strafte Selma Roger mit einem abschätzigen Blick. Ja, Roger war es gewesen, der ihnen heimlich und vermutlich in Windeseile ihre Sachen gepackt hatte. Aber das Nötigste hatte Pye in seiner Tasche vorgefunden.

„Wir leben nicht vom Nötigsten“, schien Selma seine Gedanken lesen zu können. „Wir leben hier in Amerika. Da ist es Tradition, dass jeder weitaus mehr hat, als er braucht bzw. gebrauchen kann.“

Roger hatte genug gehört und war wieder aus der Küche verschwunden, während Selma begann, ein T-Shirt nach dem anderen aus der Einkaufstasche zu packen und über die verschiedensten Küchenablagen auszubreiten.

„Gefallen sie dir?“

Pye war baff. Selma legte ein cooles T Shirt nach dem anderen bereit und forderte ihn auf, zumindest eines davon anzuprobieren. „Die Größe konnte ich nur schätzen, aber ich denke, es wird passen.“ Selma bückte sich nach der zweiten Tasche und begann auch darin Kleidung hervorzuwühlen. „Und hier haben wir noch ein paar Hosen, Jeans und“, sie zelebrierte das letzte Stück aus der Einkaufstasche wie einen Lottosechser, „eine, wie ich finde, megacoole Jacke.“

„Und vergiss die Turnschuhe nicht, die sind noch im Auto“, hörte Pye Roger aus dem Flur in die Küche rufen.

„Sneakers“, präzisierte Selma. „Cool und megacool.“

Sneakers, niemals hätte Pye es für möglich gehalten, dass diese distinguierte Dame diese Begriffe überhaupt kannte, geschweige denn hätte er ihr die Verwendung dieser Wörter zugetraut. Doch cool und megacool, wie Selma die Kleidung bezeichnete, waren die T-Shirts tatsächlich. Hätte Pye die Möglichkeit einer Wahl gehabt, so hätte er im Shop mit Sicherheit genau die gleichen T-Shirts ausgewählt. Eine Überraschung, wie sie nicht größer hätte sein können. Selbst als Pye später die verschiedenen Sneakers probierte, die Roger und Selma mitgebracht hatten, passten diese perfekt. Besser noch, Selma schien die Sneakers, die T-Shirts und natürlich die Lederjacke untereinander abgestimmt zu haben. So ergaben sich für Pye unzählige coole Kombinationen. Während Pye die Kleidungsstücke bestaunte und eine sichtlich entzückte Selma ihn umtänzelte, konnte er aus dem Augenwinkel beobachten, wie Roger den silbernen Koffer die Eingangstreppe herauf quer durch den Vorraum trug und damit im Keller verschwand. Das war doch jener Koffer, mit dem Pye Roger letztens beobachtet hatte. Nur zu gern hätte er gewusst, was es mit diesem Koffer auf sich hatte.

„Danke, vielen Dank." Pye war sich nicht sicher, ob zu seinen Dankesworten auch eine Umarmung von Selma angebracht gewesen wäre, doch diese Frage stellte sich ohnedies nicht mehr. Selma schnappte Pye, umarmte ihn und brachte damit ihre Freude zum Ausdruck, dass es ihr wichtig war, Pye eine solche zu bereiten. Nachdem Pye sich aus der Umarmung gelöst hatte und noch ein paar Mal versichert hatte, wie cool die Sachen sind, sammelte er die Neuerwerbungen behutsam ein, faltete die T-Shirts, damit sie nicht völlig zerknitterten, und zog sich in sein Zimmer zurück.

Der Eingang

Die linke Röhre, der die drei Freunde gefolgt waren, hatte den gleichen Durchmesser wie das erste Rohrstück. Doch die Innenwand war längst nicht so korrodiert. Im Licht der Taschenlampe konnte man den Unterschied klar erkennen. An einigen Stellen blitzte sogar noch das blanke, nicht verrostete Metall durch. Dieser Gang war jedenfalls um einiges jünger als die andere Verrohrung, vielleicht war er auch aus einem anderen Material, denn die Schritte der drei hallten hier deutlich heller wider als zuvor.

„Seht doch!“, rief Koko plötzlich aus, als sie im Lichtkegel wenige Meter vor sich an der linken Rohrseite eindeutig Leitersprossen erblickte. Diese waren fest mit dem Rohr verschweißt und führten in einem senkrecht nach oben führenden Rohr bis an den unteren Rand einer Art Deckel. Koko triumphierte: „Das ist es, das ist der Eingang.“

„Du meinst, das ist der Ausgang“, erwiderte Elenie und meinte damit den Ausgang aus dem in ihren Augen immer noch gruseligen Rohr mit seinem modrigen Gestank.

„Leuchte mir“, bat Jose Koko und schlängelte sich an ihr vorbei. Behutsam stieg er die rutschigen Metallsprossen empor, bis er die Unterseite des Deckels erreichte.

„Igitt, hier ist alles voller Spinnweben.“

Jose versuchte die Spinnweben so gut wie möglich mit einer Hand wegzuwischen. „Das Geräusch kommt eindeutig auch von hier.“ Er stieg noch eine Stufe höher und presste sein Ohr an die Unterseite des Deckels. Das kalte Metall übertrug das Brummen unmittelbar auf sein Ohr. „Hier klingt es wie eine Art Generator, aber Strom sollten sie doch durch die Leitungen haben.“

„Vielleicht ist das kein Generator, sondern der Motor für einen Aufzug, der tief nach unten reicht?“ In Kokos Vorstellung machte sich wieder die Idee des Eisberges breit. Demnach sollten sich unter dem unscheinbaren Bürogebäude unzählige geheime Stockwerke verbergen.

„Nein, bei einem Aufzug würde der Motor nur stotterweise laufen, dann stoppen und wieder starten. Der hier läuft durchgehend nur mit unterschiedlichen Drehzahlen."

„Sollten wir nicht versuchen, den Deckel aufzubekommen?", mischte sich Elenie ein, der die Herkunft des Brummens weitaus weniger bedeutsam war, als endlich aus diesem Rohr zu kommen.

„Ich kann versuchen, mal dagegen zu drücken?" Joses fragender Blick nach unten zu Koko wartete auf eine Reaktion. Koko nickte. Jose stemmte sich mit beiden Beinen gegen die Metallstange die ihm als Stufe diente und presste seinen Rücken gegen den Metalldeckel. Dieser rührte sich nicht.

„Fester, nochmal", feuerte Elenie Jose an und erkannte an Kokos Reaktion sofort, dass sie zu laut gerufen hatte.

„Wenn jemand da oben steht, wird er uns hören und das war's dann mit unserer Erkundung", tadelte Koko Elenie.

Jose hätte Elenies Zuspruch ohnehin nicht gebraucht. Auch er hatte genug von Röhren und gebückten Gängen. Er sammelte all seine Kraft. Er stellte sich vor, wie die unbändige Kraft eines Hulk, beginnend von seinen Waden über die Oberschenkel, sich schließlich in seinem Rücken sammelte. Er drückt so fest, wie er nur konnte, und hatte das beinahe Gefühl, dass ob des Druckes seine Augäpfel herausspringen würden. Die Abdeckplatte knarrte, aber sie gab nach. Nur wenige Millimeter, aber genug, um Jose noch weiter zu motivieren, und tatsächlich. Ganz langsam, wie in Zeitlupe, hob sich die Abdeckplatte Millimeter um Millimeter nach oben, bis es schließlich um einiges leichter wurde, sie anzuheben. Der Großteil der verkrusteten Umrandung, die die Platte so fest gehalten hatte, war durchbrochen und das lose Gewicht der Platte konnte Jose locker stemmen. Er ließ die Platte vorsichtig wieder nach unten, aber nur so weit, dass sie nicht wieder mit der Umrandung verkrusten konnte. Er stieg eine Stufe herunter, zog einen Ärmel bis weit über die Hand lang und legte diesen Stoff über seinen Kopf. Dann platzierte er seinen Kopf genau unter diesen Stoff in der Mitte der Platte.

„Macht das Licht aus“, zischte er nach unten und unmittelbar darauf knipste Koko die Taschenlampe aus. Jetzt stieg Jose betont langsam wieder eine Stufe höher, wodurch er mit dem Kopf die Verschlussplatte anhob. Trotz des Ärmels drückte die Zeichnung der Abdeckplatte ganz schön schmerzhaft auf Joses Kopf. Als er den Deckel gut zehn Zentimeter angehoben hatte, konnte er über den Rand des Rohres schon hinaussehen.

„Und?“, hörte er von unten Koko und Elenie fast synchron.

Pye und der Detektor

Sollte er noch einmal in den Keller schleichen? Pye sortierte seine Geschenke in den Kasten, der sich dadurch etwas weniger leer präsentierte. Die neuen Sachen nahmen jedoch nur einen Bruchteil des verfügbaren Platzes in Anspruch. Er hätte natürlich auch ganz einfach Roger oder Großvater nach dem Koffer fragen können. Pye setzte sich auf die Bettkante und ging seine Optionen durch: Großvater fragen; Roger Fragen; in den Keller schleichen, Anna Maria einbeziehen. Letzteres schien ihm die schlechteste Variante zu sein. Schließlich wusste er noch nicht, was Anna Maria über Großvater und insbesondere den Keller voller Alienakten wusste, und zudem hatte Großvater ihm unmissverständlich gedeutet, Anna Maria nicht zu involvieren. Aber meinte Großvater nur eine mögliche Wiederkehr seines Vaters oder war Anna Maria über den ganzen Keller, über Rogers und Großvaters ganzes Treiben im Ungewissen? Noch einmal in den Keller zu schleichen, kam Pye auch nicht richtig vor. Schließlich war nun das ganze Haus voller Menschen. Selbst wenn er es geschickt anstellte, war die Chance, unbemerkt in und aus dem den Keller zu gelangen, äußerst gering und zudem war absehbar, dass sie ihn über kurz oder später rufen würden. Das machte sich dann wohl weniger ideal, wenn er dann aus dem Keller auftauchte. Nein, so verlockend es auch war, jetzt blieb Pye nur übrig, sich in Geduld zu üben.

Tatsächlich hatte er die richtige Wahl getroffen. Keine zehn Minuten später hörte er von unten Anna Marias Stimme nach ihm rufen.

„Komme gleich“, antwortete er und war froh, nicht der Versuchung des Kellers erlegen zu sein. Anna Maria saß gemeinsam mit den anderen im Wohnzimmer: „Ich habe gehört dass Selma und Roger heute für dich shoppen waren?“ Pye nickte. „Und, sind schöne Sachen dabei?“

Was dachte sich Anna Maria bloß, ihm diese Frage zu stellen, wo doch Selma keine zwei Meter von ihr weg saß. Selbst wenn dem nicht so gewesen war, hätte er die Frage nur bejahen können.

„Ich habe mich schon ordentlich bei Selma bedankt", gab Pye daher als Antwort zurück, denn vermutlich war es das, was Anna Maria in Wahrheit hören wollte. Selma bestätigte umgehend: „Ja hat er, es ist eine Freude, wenn dir die Sachen gefallen."

Großvater brummte etwas Unverständliches aus der Küche und brachte dann ein Tablett mit Crackern und Snacks in die Runde. „Setz dich Pye", tönte er.„Wir wollen anstoßen, auf den Beginn eines neuen Lebensabschnittes. Wer will Kaffee, wer will Sekt?" Und dabei blickte er Pye spitzbübisch an, als ob er Pye Sekt vorschlagen wollte.

„Saft, aber ich kann ihn mir selbst holen." Großvater nahm die Bestellungen der restlichen Runde entgegen und folgte dann Pye in die Küche. „Und?"

„Und was?"

„Ich sehe dir an, dass du mich etwas fragen möchtest, also frag!" ermunterte Großvater Pye, während er drei Sektgläser und eine Kaffeetasse zurecht rückte. Pye zögerte. Großvater legte ein Pad in die Kaffeemaschine ein und stellte die Tasse unter. Nach einem kurzen Dampfschwall tröpfelte heißer Kaffee in die untergestellte Tasse. Großvater stoppte die Kaffeemaschine, nahm die Tasse heraus und stellte sie auf das Tablett. Die drei Sektgläser stellte er ebenso auf das Tablett. Dann machte er sich an den Kühlschrank.

„Es ist …", begann Pye zurückhaltend und ob seiner Neugierde sichtlich verlegen. Großvater hielt vor der offenen Kühlschranktür inne und wandte sich zu Pye um.

„Es ist wegen des silbernen Koffers", nahm Pye seine Entschlossenheit zusammen. „Ich habe gesehen, wie Roger ihn gestern ausgeladen und heute in den Keller getragen hat."

Großvater verzog keine Miene. Er drehte sich wieder dem Kühlschrank zu und hob die Sektflasche heraus. „Das, mein lieber Pye, das ist der Anlass, warum gerade jetzt die Jagd nach dir und Maria ihrem Höhepunkt zusteuert.“ Großvater sprach leise, um sicherzustellen, dass die anderen im Wohnzimmer ihn nicht hören konnten. Pye verstand nicht. Großvater stellte die Flasche auf das Tablett und hob es vorsichtig, die Flasche und die Gläser balancierend an. „Das ist der Detektor.“

„Der Detektor“, murmelte Pye vor sich hin, das Wort wiederholend, ohne sich dessen Bedeutung zu bewusst sein. Großvaters ließ für einen Moment von dem Tablett ab, verharrte völlig bewegungslos, um die Gläser und Flaschen nicht aus dem Gleichgewicht zu verlieren. „Das ist der Detektor, weswegen wir überzeugt sind, dass dein Vater wiederkommen wird.“

Die letzten Worte flüsterte Großvater so leise, dass Pye, der kaum einen Meter von Großvater entfernt stand, sich schwer tat, sie zu verstehen. Pye dachte an etwas, was sein Vater wohl vergessen hatte, etwas ungeheuer Wichtiges, das ihn nötigte, zur Erde zurückzukehren.

Großvater schien Pyes Gedanken lesen zu können. „Nicht, was du denkst. Der Detektor hat sein Kommen einfach angezeigt.“ Großvater lächelte verschmitzt, lenkte seine Aufmerksamkeit wieder auf das Tablett und balancierte es in Richtung Wohnzimmertisch. „Ein Kaffee und, et voila, drei Sekt, bitteschön.“

Der Einbruch

Eine Garage. Das war Joses erster Gedanke als er über den Rand der Röhre blickte. In gedämpftem Licht sah er auf Augenhöhe Reifen. Er lauschte, er war auf der Hut, denn wenn jemand zufällig in dieser Garage stand würde er oder sie sich schon wundern, wenn sich plötzlich plötzlich ein Kanaldeckel aus dem Boden löste. Jose konnte kein Geräusch außer des Brummens des Generators wahrnehmen, also entschied er sich, den schweren Eisendeckel vorsichtig und mit möglichst wenig Geräusch von seinem Kopf zu heben und auf den betonierten Garagenboden neben dem Rohr gleiten zu lassen. Das Rohr mündete genau zwischen zwei geparkten Fahrzeugen. Für einen Moment dachte Jose, dass der rechte Wagen Chavrez' Wagen sei, er war sich aber nicht sicher. Das gedämpfte Licht in der Garage ließ alle Farbe hellgrau aussehen.

Jose kletterte leise aus dem Rohr und legte sich flach auf den Garagenboden, um unter den Autos hindurch die Garage absuchen zu können. Wäre jemand hier, hätte er sofort seine Füße entdecken müssen. In der Garage war kein Mensch. Jose half Koko und Eleni aus dem Rohr zu kletterten, bis schließlich alle drei an die Karosserie des rechten Wagens gelehnt in der Garage hockten.

„Und nun?“ Jose hoffte auf eine Plan, den Koko wohl haben würde.

„Was, und nun? Jetzt werden wir uns hier umsehen. Immerhin ist das die Zentrale, wo Elenies Vater arbeitet. Wenn er der Schlüssel für das Verschwinden von Pye ist, dann werden wir hier etwas finden, was uns erklärt, was das Ganze soll.“

Koko hatte keinen Plan, das hatte Jose jetzt verstanden.

„Er ist hier“, flüsterte Elenie.

„Wer ist hier?“

„Mein Vater“, flüsterte Elenie zurück: „Das ist sein Auto.“

Elenie deutet mit dem Daumen auf das Blech hinter ihrem Rücken. Also hatte Jose sich doch nicht getäuscht. „Dann wissen wir wenigstens, dass wir hier richtig sind“, ermutigte Koko die Freunde. Sie hob den Kopf so hoch, dass sie durch die Autofenster über die Karosserien die ganze Garage überblicken konnte. Tatsächlich. Die Garage war leer. In einer Ecke stand der Generator, der nach wie vor durch sein Brummen für einen Grundgeräuschpegel sorgte. Das war hilfreich, dachte Koko, so würde nicht jedes ihrer Geräusche gleich gehört werden, manches konnte in dem Brummen untergehen. Koko musterte die Garagendecke auf der Suche nach Kameras. Fehlanzeige. Die Garage war ungewöhnlich hoch, vier, vielleicht fünf Meter, und bot Platz für sicherlich zehn Autos. An der Decke befand sich ein Lastenaufzug und einige Metallstreben mit daran befestigten Gittern. Es hatte den Anschein, als sei dies nicht immer eine Garage gewesen, vielmehr erinnerte es Koko an ein Lagerhaus. Dazu passten auch die mit Schutzgittern milchverglasten Fenster. Damit sollte die Ware vor neugierigen Blicken geschützt werden, der Ladekran an der Decke half vermutlich, die Waren in die Regale zu hieven. Ein Blick auf den Boden und Koko hatte Gewissheit. In regelmäßigem Abstand fanden sich im Boden Bohrlöcher und Eisenanker. Hier hatten früher Metallregale gestanden, um die Waren möglichst platzsparend aufbewahren zu können.

„Kommt, die Garage ist leer.“ Koko stand auf und Jose und Elenie taten es ihr gleich.

In der Garage befanden sich vier Autos und eins davon war unzweifelhaft das von Elenies Vater. Gegen Norden schlossen zwei Rolltore den Raum in Richtung der Gebäuderückseite ab. Man musste also vom bewachten Einfahrtstor erst rund um das Gebäude fahren, um hier herein zu kommen. Nach links führten zwei niedere Stufen zu einer Eisentür, die offenbar die Verbindung zu den Büroräumen war.

Die Freunde schlichen zwischen den Autos auf die Tür zu. Und nun? Koko war als erste an der Tür, stieg die beiden Stufen hoch und legte sachte ihr Ohr an die Tür. Die Tür gab ebenso wie der Kanaldeckel das dumpfe Brummen des Generators wieder. Koko lauschte und versuchte, irgendetwas hinter der Tür wahrzunehmen. Fehlanzeige. Plötzlich und völlig unerwartet begann eines der Rolltore, sich langsam aufzurollen. Der Motor zerrte an dem Gewicht der Lamellen und ratterte mit jeder gewickelten Lamelle. Die Freunde erschraken, Koko sprang die beiden Stufen hinab und die drei versteckten sich zwischen den parkenden Autos. Keine Sekunde zu früh, denn gleich darauf schnitten die Lichtkegel der Autoscheinwerfer die düstere Garage und praktisch im gleichen Moment ging das Deckenlicht an. Ein kleiner Transporter schob sich durch das Rolltor, parkte als fünftes Auto neben den anderen. Koko, Jose und Elenie kauerten so eng es ging an der Motorhaube eines der Fahrzeuge, um nur ja nicht entdeckt zu werden.

„Verdammt" fluchte Koko, als sie bemerkte, dass sie vergessen hatten, den Kanaldeckel wieder zu schließen. Aber dafür war es jetzt zu spät.

Der Detektor

Pye fand Großvater allein auf der Terrasse sitzend. Er schien in die News des Tages vertieft und scrollte durch die einzelnen Meldungen. Als Pye auf die Terrasse kam, blickte er kurz auf, um sich ebenso rasch wieder in die Nachrichten zu vertiefen. Pye setzte sich in den Deckchair schräg gegenüber von Großvater, sodass er die Weite der Hügellandschaf übersah und direkten Blickkontakt mit Großvater aufnehmen konnte. Anna Maria, Roger und Selma schienen im Haus zu sein.

„Wie funktioniert er? Ich meine, woher willst du und Roger wissen, dass mein Vater in Kürze zurückkommt?"

Großvater unterbrach seine Nachrichtenrecherche. „Du meinst, wie der Detektor funktioniert?"

Pye nickte und stand auf. „Ich hole mir einen Saft, soll ich dir auch etwas mitbringen?"

Großvater verneinte.

„Bin gleich zurück".

„Na wie läuft es mit Großvater?", überraschte Anna Maria Pye in der Küche.

„Er ist nett", erwiderte Pye, ohne auf sein aktuelles Gespräch oder sein gestriges Erlebnis im Keller einzugehen. Gott sei Dank gab sich Anna Maria mit diesem Statement zufrieden und beharrte nicht auf weiteren Details. Pye schloss vorsorglich die Terrassentür, als er mit seinem Saft zurück zu Großvater kam. Er war sich nach wie vor nicht sicher, ob und inwieweit Großvater Anna Maria in seine Erkenntnisse einbezogen hatte. Seine Skepsis wurde umgehend bestätigt.

„Ist die Terrassentür wieder zu?", erkundigte sich Großvater, der aus seiner Sitzposition diese nicht überblicken konnte.

Pye setzte sich mit dem Saft in der Hand wieder vorsichtig in den Deckchair, um nichts zu verschütten. Großvater wartete ein paar Minuten. Er schien sich zu sammeln.

„Wir haben nicht die geringste Ahnung, wie das Ding funktioniert“, gestand er. „Damals, als dein Vater und Anna Maria sich trafen, waren sie einmal auch bei uns zu Hause. Ich werde diesen Tag oder besser dieses Treffen nie vergessen. Deine Mutter war so stolz, uns deinen Vater vorzustellen. Sie war geradewegs völlig aus dem Häuschen. Und ebenso ungewöhnlich war die Geschichte, die sie uns damals erzählte und von der wir natürlich kein Wort glaubten. Heute wissen wir, dass sie uns damals die Wahrheit erzählte, aber wer hätte das schon glauben können?“

„Sie war eure Tochter, ihr hättet ihr das glauben müssen“, unterbrach ihn Pye.

„Ja“, bestätigte Großvater, „und doch bitte ich dich zu verstehen, dass, wenn eine Geschichte so unglaublich ist, wenn eine Geschichte so unmöglich ist und noch dazu von jemandem erzählt wird, der sich gerade in einer emotionalen Ausnahmesituation befindet ...“ Großvater erkannte in Pyes Gesicht, dass er eine andere Wortwahl wählen musste.. “… wenn von jemand frisch verliebtem – und, mein Junge, diese Erfahrung wirst du auch noch machen – etwas erzählt wird, dann sind die Sinne des Erzählers durch diese Liebe, sagen wir, harmlos getrübt. Wer und was in solch einer Situation erzählt wird, mag der Erzähler so empfinden und auch hiervon überzeugt sein, doch dies muss nicht immer der Realität entsprechen.“

„Du meinst, man sieht die Dinge durch eine rosa Brille?“

Großvater schmunzelte. „Ja, durch eine rosa Brille, ich sehe, du hast verstanden. Wie dem auch sei, deine Mutter erzählte uns von der Herkunft deines Vaters, und, ja, er sah etwas fremdländisch aus, hochgewachsen und seine Gesichtsform war etwas ungewöhnlich, aber das gab uns noch lange keinen Grund zu glauben, er sei ein Alien. Als deine Mutter erkannte, dass wir an dieser Geschichte zweifelten, sprang sie auf und zerrte deinen Vater mehr oder weniger aus unserem Haus.“

Pye nahm einen langen Schluck an seinem Saft und Großvater holte tief Luft. „Von da an sahen wir deinen Vater nie wieder und es dauerte auch lange, ehe wir deine Mutter wiedersahen. Sie sagte uns dann bei unserem ersten Zusammentreffen, nachdem sie aus dem Haus gestürmt war, dass dein Vater weg sei, aber er versprochen hatte, wiederzukommen und dass sie mit dir schwanger sei."

Pye merkte, dass es ein Bedürfnis Großvaters gewesen war, ihm diese Geschichte zu erzählen und zugleich hatte er den Eindruck, dass er damit der eigentlichen Frage ausweichen wollte. „Und habt ihr ihr dann geglaubt?"

Großvater schüttelte den Kopf und vergrub sein Gesicht in beiden Händen. „Nein, und wir versuchten Anna Maria klar zu machen, dass sie von dieser Geschichte abrücken müsste. Nicht nur wir würden diese Geschichte nicht glauben und verstehen, sondern auch jeder andere, dem sie diese Geschichte auftischte, würde skeptisch sein."

„Und dann?"

„Dann verloren sich unsere Wege zusehends, Anna Maria wollte uns unseren Unglauben nicht verzeihen und dieser Unglaube war wie eine Mauer, die sich Stück um Stück zwischen deiner Mutter und uns aufbaute. Mit der Zeit hatten wir das Gefühl, dass auch Anna Maria erkannte, mit dieser Geschichte vorsichtig umgehen zu müssen. Das änderte zwar nichts an unseren Differenzen, doch nach deiner Geburt schien Anna Maria die Geschichte mehr und mehr zu verdrängen, und dann ..." Großvater brach mitten im Satz ab, als Selma unten am Rasen quer zu dem hinteren Ende des Garten lief, dort etwas auf den Komposthaufen leerte und zurück marschierte. Nachdem Selma wieder um das Hauseck verschwunden war, insistierte Pye: „Und dann?"

„Dann passierte, was uns die Augen öffnete. Ich weiß nicht, wie wir dieses Ding über fast zwei Jahre übersehen konnten, es war schlicht auf einmal da. Zuerst wussten wir nicht recht, was das sein sollte, doch dann sahen wir es uns näher an und auch wenn wir nicht feststellen konnten, was es war, woher es kam und wozu es diente, so war uns doch klar, dass es nicht von dieser Welt stammte."

„Wenn ihr das damals schon wusstet, das war doch die Bestätigung für Anna Maris Geschichte."

Wieder nickte Großvater und diesmal seufzte er hörbar. „Zu dieser Zeit ging es deiner Großmutter sehr schlecht und nachdem wir sahen, dass sich Anna Maria gefangen hatte und von der Geschichte großteils abließ, wollten wir zu ihrem Schutze nichts aufrühren. Du kannst dir sicher vorstellen, wie begierig die Welt da draußen", und er machte eine Geste rundum die Hügel, „auf die Frau eines Aliens mit einem Kind von diesem sein würde. Wir wollten für dich und Anna Maria ein normales Leben. Das habe ich deiner Großmutter versprochen. Anna Maria besuchte uns zweimal, als deine Großmutter im Sterben lag, und wir hielten unser gegenseitiges Versprechen. Das war sehr hart, besonders für deine Großmutter, denn sie konnte Anna Maria nie sagen, dass sie ihr nun doch glaubte, und sie um Verzeihung bitten. Als deine Großmutter dann starb, ging ich weg in den Norden und lernte Selma kennen, eine wunderbare Frau, ganz ähnlich wie deine Großmutter."

„Und der Detektor?" Pye hatte die Einstiegsfrage nicht vergessen.

„Den Detektor nahm ich mit, in genau dem silbernen Koffer, den du gesehen hast. Und über lange Zeit hindurch lag er einfach nur in diesem Koffer. Manchmal konnte ich der Neugier nicht widerstehen, öffnete den Koffer und warf einen Blick auf dieses Relikt aus einer anderen Welt." Großvater hielt wieder inne. „Und plötzlich, vor knapp drei Jahren, bemerkte ich bei meiner Nachschau, dass sich an dem Relikt etwas verändert hatte. Es hatte begonnen, an bestimmten Stellen zu leuchten. Es sah aus wie eine lange Reihe kleiner Leuchtdioden, die aufleuchteten. Als ich das nächste Mal Nachschau hielt, waren es derer schon mehr und so ging das dahin. Das brachte mich auf die Idee, dass es wohl eine Art Countdown sein müsste, und schließlich begann ich heimlich, mich über all das zu informieren, was in der Zeit rund um deine Geburt passierte. So stieß ich auf Dr. Rodriguez. Der hatte schon eine umfangreiche Sammlung zum Thema Aliens in seiner Heimatstadt, weil es ihm mit seinem Vater ganz ähnlich gegangen war wie uns mit Anna Maria. Señor Humbold hatte sich ebenso in eine Alien Theorie versteift, die seinen Ansehen nicht gerade förderlich war."

„Ich weiß, Señor Humbold wird ja auch Salamander genannt"

„Richtig, sein Sohn befand es unabhängig von uns ebenso für richtig, seinen Vater bei der Alien-Geschichte nicht zu unterstützen. Schließlich hatte der mit dem Verlust seiner Tochter und seiner Frau auch noch eine mehr als schmerzhafte Erinnerung an die Aliens."

„Aber im Geheimen recherchierte er, richtig?"

„Ja, und er machte dies ausgesprochen gründlich. Unser beider Erkenntnisse und Sammlung im Keller kennst du ja. Humbold hat seinen Frieden noch nicht gefunden. Er glaubt, dein Vater ist schuld am Tod seiner Familie. Ich versuche das zu widerlegen und gemeinsam versuchen wir die Geschichte der Aliens aufzuklären. Dr. Rodriguez glaubt auch an eine Art Countdown. Ich habe ihm das Relikt gezeigt. Ganz sicher ist das Ding nicht von dieser Welt."

„Und Anna Maria?"

„Anna Maria weiß nichts von diesem Relikt. Denn wenn wir uns irren, und es ist kein Countdown für die Wiederkehr, sondern wer weiß, was sonst, würden wir in ihr Hoffnungen wecken, die dann schmerzlich enttäuscht würden. Das möchte ich nicht. Denn um die einfache Wahrheit zu sagen, wir haben keine Ahnung, wie der Detektor funktioniert, wir wissen ja nicht einmal mit Gewissheit, ob und was er anzeigt, geschweige denn, ob wir die an Anzahl und Wiederholungen zunehmenden Lichtfolgen der Leuchtdioden richtig als Countdown deuten. Es könnte alles Mögliche bedeuten, vielleicht ist es eine Art Handy, und wir müssten nur abheben, vielleicht ist es ein Sprengsatz, der sich scharfstellt, wir wissen es schlicht nicht.“

Dem letzten Halbsatz fügte Großvater wieder sein schelmisches Lächeln hinzu, vermutlich, um dieser Option seinen Schrecken zu nehmen.

In der Falle

Das Rolltor schloss sich ächzend hinter dem Lieferwagen, der keine zehn Meter von den Freunden entfernt stoppte. Drei Männer saßen im Wagen. Zwei vorne, die heftig miteinander debattierten, und einer lugte zwischen den Vordersitzen hervor. Diesen einen kannte zumindest Jose. es war sein Onkel Rodriguez. Was macht der denn hier auf diesem geheimen Militärstützpunkt? Die Männer stiegen aus dem Wagen, weiterhin aufgeregt diskutierend. Joses Onkel beteiligte sich nicht an der Diskussion, aber auch er stieg aus dem hinteren Teil des Wagens, als die Verbindungstür zu den Büroräumen aufschwang. Chavrez, Elenies Vater. stieg die zwei Stufen zu den drei Männern herab, die sofort ihre Debatte einstellten.

„Sieht aus wie ein Familientreffen“, flüsterte Koko.

„Und sieht gar nicht nach Militär aus“, ergänzte Jose zweifelnd. Er kannte seinen Onkel und es würde ihn wundern, wenn dieser freiwillig etwas mit staatlichen Stellen unternehmen würde, selbst wenn sie gut bezahlten.

„Freunde …“ Elenies Vater begrüßte die drei Lieferwagenfahrer ungewöhnlich freundlich, doch diese erwiderten die freundschaftliche Geste nicht. Sie knurrten eher zurück. Elenie, Koko und Jose bemühten sich, durch das Brummen des Generators hindurch mehr zu verstehen. Das war schwierig, denn sie trauten sich nicht, die vier zu beobachten. Ohne zu sehen, wer gerade sprach, war es ein bisschen wie ein großes Puzzlespiel, um sich aus den gehörten Wortfetzen ein Bild zu machen. Selbst als die Unterhaltung mitunter lauter wurde, wurde es nicht einfacher, denn dann redeten alle durcheinander. Es sah wohl so aus, als ob Chavrez den dreien Geld schuldete. Sie schienen auf einer Bezahlung zu beharren, während Chavrez darauf bestand, nur dann zu zahlen, wenn auch geliefert wurde, und das hatten die drei angeblich nicht. Erst nach einer Weile wurde Koko, Jose und Elenie bewusst, um was für eine Lieferung es ging. Sie redeten unverblümt von Pye, ihrem Freund, der der Truppe entkommen war. Das war zumindest eine gute Nachricht. Die vier hatten Pye also nicht erwischt. Die weniger gute Nachricht war, dass dieses angebliche Militärgeheimbüro wenig bis gar nichts mit dem Militär Mexikos zu schaffen hatte. Je länger die Debatte der Männer dauerte, desto klarer wurde, dass dieses Gebäude kaum Teil einer offiziellen Einrichtung sein konnte. Elenie war verunsichert. Ihr Vater hatte ihr nicht nur gesagt, für die Regierung zu arbeiten, er hatte nachweislich auch beste Kontakte. Wie sonst hätte er damals so plötzlich die Sanierung der Straße vor Kokos Haus erwirken können?

Koko sah, wie Elenie mit zunehmender Länge der Diskussion der Männer verfiel. Inzwischen war die Diskussion in einen Streit abgedriftet. Chavrez weigerte sich immer noch, den Männern das zu bezahlen, was diese lauthals monierten. Nachdem, was die Freunde verstanden, war es nicht die Schuld der Männer gewesen, dass Pye entkommen konnte, sie hatten nicht mit der Hilfe dieses Arztes gerechnet. Das musste, schlussfolgerten Koko, Jose und Elenie, Dr. Roger sein, von dem die Männer sprachen. Und schließlich warfen sie Chavrez vor, selbst Schuld am Entkommen von Pye gewesen zu sein, denn er war bei jedem Schritt selbst dabei. Selbst bei der Verfolgungsjagd ab der Schule. Die Freunde blickten sich an. Deshalb war Pye von jetzt auf gleich so plötzlich verschwunden. Seine Verfolger waren ihm ganz dicht auf den Fersen gewesen. Elenie schauderte bei dem Gedanken, dass hinter dieser Jagd ihr Vater steckte, und plötzlich stand Elenie auf. Mit einen Mal verstummte der Streit der Männer. Sie waren so verdutzt, dass hier plötzlich ein Mädchen stand, dass sie mitten im Wort inne hielten und ihnen die Münder offen stehen blieben.

„Elenie“, stammelte ihr Vater und starrte sie mit großen Augen an. Derweil traten Koko und Jose Angstschweiß Perlen auf die Stirn.

Pyes Zuversicht

Pye dachte nach. Zu der halsbrecherischen Flucht vor einigen Tagen und der dramatischen Erkenntnis um seine Herkunft gesellten sich nun auch noch die emotionale Geschichte mit seiner Mutter und der spannende Aspekt mit dem Detektor. Eigentlich war alles gut, die Dinge fügen sich zusammen, dachte er und er erinnerte sich an seine Freunde, die all diese Informationen sicherlich noch nicht hatten. Er musste ihnen diese Dinge unbedingt mitteilen. Er musste ihnen sein Verschwinden erklären und vor allem musste er sie vor Dummheiten abhalten. Er kannte Koko, Jose und mittlerweile auch Elenie. Pye wusste, dass die drei sich nach seinem Verschwinden nicht dem Alltag zuwenden würden, sondern dass sie mit Sicherheit etwas ausheckten, um den Dingen auf den Grund zu gehen. Was würde er dafür geben, mit seinen Freunden Kontakt aufnehmen zu können? Da fiel ihm Roger ein. Roger hatte bestimmt Kontakt zu Señor Humbold, seinem Vater. Mit Sicherheit hatte Roger eine Möglichkeit eingerichtet, mit seinem Vater auch nach der Flucht in Kontakt zu bleiben, ohne dabei Spuren für aufdringliche Dritte zu hinterlassen. Wie, wenn er ihn gerufen hätte, erschien Roger auf der Terrasse.

„Ich sehe ihr tauscht alte Geschichten aus“, mischte sich Roger in das bereits beendet Gespräch zwischen Pye und seinem Großvater ein. „Ich hoffe, diese Geschichten sind bei dir gut aufgehoben.“ Roger deutete mit dem Zeigefinger auf Pye, als ob er Großvaters Worte, diese Geschichten nicht weiter zu erzählen, unterstreichen wollte.

„Sicher, sicher“, murmelte Pye und erweckte dabei nicht den Eindruck, Roger in Sicherheit zu wiegen.

„Sicher?“, fragte er nach und setzte sich auf einen niederen Hocker neben Pyes Deckchair.

„Sicher. Es ist nur …“ Pye wandte sich an Roger. „Es ist nur, dass ich mir Sorgen um meine Freunde mache. Ich konnte ihnen mein Verschwinden schließlich nicht erklären.“

„Und dabei sollten wir es belassen. Mit den Handys können sie dich jederzeit orten“, wollte Roger keinerlei Zweifel über die Handynutzung bei Pye aufkommen lassen. „Wenn sie dich anrufen, lass es einfach läuten.“

„Das ist es nicht, und überhaupt ist mein Handy verschwunden. Es muss mir während der Flucht irgendwo abhandengekommen sein.“

Das war es nicht, das wusste Roger, aber er wollte mit dem Eingeständnis, es während der Flucht, als Pye schlief, an sich genommen zu haben, die Beziehung zwischen Pye und ihm nicht strapazieren. In Bezug auf ihre Handys konnten Jugendliche ganz schön eigenwillig sein, auch wenn er sicher war, dass im konkreten Fall die Vorsicht die Mittel heiligte.

„Um meine Freunde mache ich mir ernsthaft Sorgen. Sie werden mein Verschwinden nicht einfach so stehen lassen. Ich kenne die drei. Sie werden irgendetwas aushecken, das sie in Verlegenheit bringt, und wer weiß, ob das, was sie aushecken, nicht auch unsere Flucht torpediert.“

Pye hatte Recht. Wenn seine Freunde zu sehr an seinem Verschwinden herumtadelten, könnten Behörden aufmerksam werden, die Polizei könnte Nachforschungen anstellen und schon würde Rogers Vater im Mittelpunkt der Fragen stehen. Schließlich hatte sein Vater ihnen nicht nur bei der Flucht von der Schule geholfen, er war auch vorher in die Nachforschungen der Freunde involviert gewesen. Die drei würden das erzählen und schon würden die Behörden unangenehme Fragen an seinen Vater richten, ganz zu schweigen davon, was sie sagen würde, wenn sie seine Fotosammlung über der Garage aufspürten.

„Möglicherweise hast du Recht, Pye. Wir sollten deinen Freunden sagen, dass es dir gut geht.“

Rogers Blick verharrte auf Großvater, bis der kaum wahrnehmbar nickte.

„Aber“, fügte Roger hinzu, „wir wollen ihnen nur versichern, dass es dir und deiner Mum gut geht. Für die Geschichte drum herum mit deinem Vater und alledem ist nicht der richtige Zeitpunkt.“

Pye nickte.

„Ich habe mit meinem Vater vereinbart, dass er jeweils die ersten beiden vollen Stunden nach Einbruch der Dunkelheit auf einem Wertkartentelefon erreichbar ist und rangeht. Ich kann nur hoffen, dass er sich daran hält. Dann können wir ihn heute Abend anrufen. Wir werden ihn bitten, deinen Freunden eine Nachricht von dir und deiner Mutter zu überbringen.“ Roger deutete auf sein Handy. „Und es wird wichtig sein, dass diese Nachricht für deine Freunde so beruhigend ausfällt, dass sie sich im weiteren unauffällig verhalten. Ich will hoffen, das gelingt uns, denn nicht nur deine Freunde sind noch dort, schließlich ist auch mein Vater noch mitten in diese Sache verstrickt.“ Roger erwähnte nichts von seiner Schwester und seiner Mutter, aber Pye verstand auch so. „Und mein Vater ist in dieser Sache etwas unberechenbar“, fügte er hinzu.

„Er sucht nur die Wahrheit“, versuchte Pye für Señor Humbold Partei zu ergreifen.

„Aber die Wahrheit zu suchen, ist nicht immer das klügste, was man tun kann“, monierte Großvater, stand auf und ging in die Küche.

Gefangen

Kaum waren sich die Männer in der Garage der Situation bewusst, dass sie belauscht worden waren, hatten sie die drei Freunde schon aufgespürt.

„Du, Jose?“, wetterte sein Onkel, als hinter Elenie sein Neffe Jose und mit ihm Koko aufstanden und sich zu erkennen gaben.

„Was um alles in der Welt macht ihr hier?“, donnerte Elenies Vater und binnen weniger Minuten war klar, dass die Situation, in der sich die drei Freunde nunmehr befanden, ganz anders war als ausgedacht. Der Bürokomplex war nie und nimmer eine geheime Basis der Regierung und Elenies Vater auch mitnichten ein Mitarbeiter des Militärs. Schon bei der heftigen Diskussion der Männer untereinander war klar geworden, dass sich die drei Freunde hier mit etwas weitaus Gefährlicherem angelegt hatten. Als Elenie, Jose und Koko aufstanden, sahen sie auch die beiden weißen Pakete, die die Männer aus dem Truck in den Händen hielten.

„Drogen?“, flüsterte Koko halblaut zu sich und Jose.

„Das ist gar nicht gut“, gab Jose zurück. „Das ist gar nicht gut.“

Elenies Vater war auf sie zugekommen und hatte Elenie hinter dem Wagen hervorgezogen. Er wiederholte die Frage Joses Onkels: „Was macht ihr hier?“

Doch Elenie war so baff, so enttäuscht, dass sie kein Wort herausbrachte. Ihr traten Tränen in die Augen. „Was habt ihr mit unserem Freund Pye gemacht? Wo habt ihr ihn hingebracht?“

Kokos Vorlautheit war zurück und zugleich bereute sie es, wieder einmal nicht den Mund gehalten zu haben. Elenies Vater ließ von Elenie ab und baute sich vor Koko auf. „Das ist es, was ihr hier sucht? Ihr sucht euren Freund Pye? Ihr glaubt, wir haben mit seinem Verschwinden etwas zu tun?“ Chavrez drehte sich wieder von Koko weg hin zu Elenie und hockte sich vor seine

Tochter. „Du glaubst, ich hätte mit dem Verschwinden deines Freundes zu tun?“

Elenie schluckte. Sie wusste nicht mehr, was und womit sie glaubte, dass ihr Vater etwas zu tun hatte. Seine Geschichte, sein ganzes Leben kam ihr plötzlich fremd vor, wie eine Fassade. „Ich weiß nicht, was sich glauben soll. Schließlich ist Pye verschwunden und ihr seid ihm nachgejagt“, stammelte sie.

Chavrez nickte. „Ja, das sind wir und wir hätten ihn fast erwischt. Aber soll ich dir etwas sagen? Dank eurem Freund, diesem Dr. Roger, ist er uns entkommen. Wir hätten ihn fast gehabt und dann ist er über die Grenze entwischt.“

„Du meinst, ihr habt ihn nicht?“

Chavrez verneinte. „Also war euer ganzes Katz-und-Maus-Spiel umsonst. Doch jetzt haben wir ein viel größeres Problem. Jetzt wissen die beiden da“, Chavrez deutete auf Koko und Jose, „dass das, was wir hier machen, sagen wir, nicht ganz legal ist.“

In diesem Moment stellte sich Joses Onkel schützend vor Jose. Koko stand unvermittelt alleine zwischen Chavrez mit Elenie und Jose mit seinem Onkel.

„Was machen wir nun mit euch beiden?“, fuhr Chavrez fort, ohne sich von Joses Onkel beeindrucken zu lassen. Die beiden anderen Männer aus dem Lieferwagen hatten sich ebenfalls an Chavrez‘ Seite gestellt, so als ob sie Position für ein Lager, für eine der Parteien beziehen wollten. Koko ließ die Taschenlampe fallen, was zu einem hallenden Knall führte, und beinahe wäre ein Unglück passiert. Der Knall erschreckte die Männer so sehr, dass alle vier umgehend eine Pistole zogen. Dabei ließen sie die beiden Päckchen fallen und eines fiel so unglücklich zu Boden, dass es seitlich aufplatzte. Weißer Staub quoll daraus hervor.

„Verdammt“, fluchten die Männer, als sie merkten, dass der Knall nur von der Taschenlampe kam, die Koko im Schreck fallen gelassen hatte und dass eines der Päckchen aufgeplatzt war.

„Wir haben schon Unterstützung angefordert. Die wird jeden Moment hier sein“, interpretierte Jose sein Telefonat mit Samantha vor ihrem Aufbruch. Der Haken daran war nur, dass Samantha nicht wusste, in welch dramatischer Situation sie sich nun plötzlich befanden.

Señor Humbold am Pick up

Eine Weile hatte Señor Humbold den Kindern über das Dach des Pick ups mit dem Fernglas nachgespäht. Abwechselnd versuchte er die Kinder im Dunkel des Feldweges zu erkennen und vergewisserte sich, ob bei der Zufahrt zum Bürokomplex alles ruhig blieb. Nach einer Weile war er sich sicher, dass die Freunde ihr Ziel, den Tunneleingang, erreicht hatten und er konzentrierte sich auf den Eingang des Bürogebäudes und die zahllosen erleuchteten Fenster. Tatsächlich konnte er keine Aufregung ausmachen. Es schein alles ruhig. Selbst als plötzlich ein Wagen den Schotterweg entlang kam und er sich kurzzeitig hinter den Hügel ducken musste, um nicht in dessen Scheinwerferlicht zu kommen, blieb am Gebäude alles ruhig. Der Wagen passierte Humbold, der hinter dem Hügel gut versteckt abwartete, und hielt dann vor dem Einfahrtstor zu dem Bürokomplex. Einer der Männer stieg aus, um das Tor zu öffnen. Humbold war sich nicht sicher, aber er vermutet stark, den Mann zu kennen. Er fokussierte mit dem Fernstecher, aber die wenigen Augenblicke, wo der Mann den Lichtkegel der Autoscheinwerfer kreuzte. waren zu kurz, um ihn zu erkennen. Das Auto passierte die Einfahrt und hielt abermals. Wieder stieg der Mann von zuvor aus, diesmal, um das Tor zu schließen. Selbst in der Beleuchtung des Vorplatzes gelang es Humbold nicht, den Mann eindeutig zu identifizieren. Er war sich zwar sicher, ihn irgendwie aus seinem Umfeld zu kennen, konnte ihn aber nicht zuordnen.

Der Wagen verschwand, nachdem der Mann wieder eingestiegen war, hinter dem Haus, indem er seitlich an dem Bürokomplex vorbeifuhr. Interessant, dachte Humbold. Das erleuchtete Tor war offenbar gar nicht mit Wachen besetzt, denn sonst hätte die Einfahrt des Autos mehr Aufsehen generiert und vermutlich hätte eine der Wachen das Tor geöffnet und geschlossen. Zumindest wäre dies bei einer jeden Regierungseinheit so abgelaufen. Humbold beobachtet weiterhin die Bewegungen hinter den erleuchteten Fenstern. Der Wagen schien keine Auswirkungen auf deren Betriebsamkeit zu haben. Vermutlich zog sich das Gebäude weiter nach hinten, sodass die Büroräume hinterrücks nicht unmittelbar mit den Büros nach vorne hinaus in Verbindung standen. Humbold kramte eine Decke aus einer Kiste von der Ladefläche und wickelte sie sich um die Schulter. Seit Einbruch der Dunkelheit war es empfindlich kälter geworden. Der klare Himmel ließ die sonnengewärmte Luft entweichen und machte der kalten Nachtluft Platz. Als Humbold mit umgewickelter Decke wieder durch das Fernglas spähte, stellte er fest, dass in zwei Büroräumen im ersten Stock das Licht ausgegangen war und er damit das Schattenspiel der Umrisse dort nicht weiter beobachten konnte. Er schloss daraus, dass die Mitarbeiter aus diesem Büro nach hinten gegangen waren, um den Wagen in Empfang zu nehmen. Plötzlich klingelte Humbolds Wertkartentelefon. Das Klingeln in der sonst ruhigen Nacht erschreckte Humbold so sehr, dass er fast von der Ladefläche des Pick ups gefallen wäre. Er richtete sich jäh auf, taumelte über die zum Boden hängende Decke und sein Oberkörper hatte schon bedrohliches Übergewicht über die Ladebordwand, als er mit der rechten Hand gerade noch die Regennut des Pick-up-Daches erwischte, um seinen drohenden Sturz abzufangen. Er stieß einen Fluch aus. Das Klingeln zerschnitt die Stille wie die Alarmglocke einer Autosirene, zumindest kam es Humbold so vor. Er fluchte ein weiteres Mal, ehe es ihm gelang, das Handy unter der Decke aus seiner Jeanstasche zu fummeln und auszuschalten. Er ärgerte sich, dass er vergessen hatte, dieses Handy auf lautlos zu stellen. Sein normales Handy hatte er sorgsam ausgeschaltet, doch dieses kleine Wertkartending hatte er völlig vergessen. Humbold lugte vorsichtig über das Dach der Pick-Up-Kabine in Richtung des Bürogebäudes. Nach seinem Empfinden hatte das Klingeln dort mindestens alle Mitarbeiter an die Fenster getrieben und im Geiste sah er schon Wagen der Gebäudesecurity ausschwärmen, auf der Suche nach dem Angreifer. Nichts.

Als Humbold sich getraute, über den Pickup hinweg wieder auf das Gebäude zu spähen, stellte er voller Verwunderung fest, dass sich dort nichts regte. Das Einfahrtstor lag weiterhin menschenleer in dem von der Beleuchtung verursachten, dumpfen Zwielicht und die Schatten hinter den Fenstern gingen ohne bemerkbare Veränderung ihrer Tätigkeit nach. Offenbar war das Klingeln längst nicht so laut, längst nicht über so große Entfernungen hörbar gewesen, wie Humbold das befürchtet hatte. Die absolute Stille der Nacht, seine Müdigkeit und die Anspannung in der Situation hatten ihn das Klingeln des Telefons weitaus lauter empfinden lassen, als es tatsächlich gewesen war. Humbold wandte den Blick vom Gebäude ab und betrachtet das winzige Display über den dem Zahlenblock. Er schaltete das Handy wieder ein und setzte als erstes die Lautstärke auf null. Ein Anruf in Abwesenheit zeigte das Display an und er wusste, wer das war. Nur ein Mensch hatte die Nummer zu diesem Wertkartenhandy: Roger, sein Sohn.

Aufgelegt

Roger nahm das Telefon und hielt es skeptisch weg vom Ohr, sodass er die Anzeige betrachten konnte. „Er hat einfach aufgelegt.“, brummte er.

„Vielleicht ist kein Netz hier?“, meinte Großvater auf dem Rückweg von der Küche. Roger musterte die Anzeigen auf dem Display. Volle fünf Striche rechts oben widersprachen Großvater. „Ich konnte es ja auch klingeln hören“, beantwortete Roger Großvaters Vorschlag. „Nein, er hat einfach aufgelegt“, wiederholte er.

„Vielleicht schläft er schon, immerhin ist es schon dunkel draußen“, vermutete Pye. Roger schüttelte verneinend den Kopf. Erstens, und das wusste er, zählte sein Vater nicht zu denen, die früh ins Bett ging, was Pye eigentlich wissen sollte, schließlich kannte er den Beinamen seines Vaters, und zweitens argumentierte Roger: „Und er hätte im Schlaf nicht auflegen können. Mein Vater ist wach und er weiß ganz genau, dass auf diesem Telefon nur ich ihn anrufe. Schließlich habe ich ihm dieses Wertkartentelefon extra geschenkt, damit wir in besonderen Situationen Kontakt halten können. Nochmal, ich habe es klingeln gehört und dann hat er ganz bewusst aufgelegt.“

„Manchmal verdrücken wir Senioren uns auch schlicht und einfach“, redete Großvater für Humbold. „Ihr wisst schon, mit diesen Wischhandys sind wir nicht so geübt wie ihr jüngeren.“

„Das ist es ja gerade, was mich beunruhigt“, erwiderte Roger. „Das Handy, das ich ihm gekauft habe, ist aus genau diesem Grund ein Tastenhandy, nur zum Telefonieren, aber dafür einfach in der Handhabung, praktisch und mit gemessen an der Laufzeit eines Smartphones mit unendlicher Akkulaufdauer.“

„Dann ist er in einer Situation, in der er nicht abheben konnte oder wollte“, mutmaßte Pye.

„Und das stimmt mich nachdenklich. Sicher lungert er wieder irgendwo zwischen den Häusern herum und macht seinem

Spitznamen Salamander alle Ehre. Dabei hatte er mir versprochen, mit der Herumschleicherei ein für alle Mal aufzuhören." Roger rümpfte die Nase.

„Du solltest es nochmal probieren. wenn es eine unpassende Situation war, hat Señor Humbold das Telefon nun sicher ausgeschaltet, sodass du ihn nicht in eine unangenehme Lage bringst, wenn du nochmal anrufst. Wer weiß, vielleicht sitzt er jetzt gerade vor dem Telefon und wartet, dass du dich nochmal meldest."

Roger winkte ab. „Er könnte ja zurückrufen, er hat meine Nummer in dem Ding gespeichert."

„Er wird nicht zurückrufen, weil er denkt, dass du ihn nochmal anzurufen probieren wirst. Und würde er dich anrufen, dann wäre besetzt", mischte sich erneut Großvater ins Gespräch. „Leute meiner Generation machen solche Dinge. Wir denken, wenn es etwas Wichtiges war, dann wird sich der andere schon noch mal melden."

„Und Leute meiner Generation denken, der Angerufene sieht ohnedies meine Nummer und wird zu einem passenden oder besseren Zeitpunkt schon zurückrufen", widersprach Pye. Rogers Aufmerksamkeit wanderte zwischen Pye und Großvater hin und her. Seine Generation saß dazwischen, aber er wusste jedenfalls nicht, ob das Tastentelefon seines Vaters überhaupt in der Lage war, entgangene Anrufe anzuzeigen. Im Grunde schien ihm das auch gar nicht so wichtig, denn sein Vater wusste, dass auf diesem Telefon nur er anrufen würde, also wählte er die Nummer noch einmal und lauschte gespannte dem Verbindungsaufbau. Mit dem Heben des Telefons zu seinem Ohr unterbrach er augenblicklich die Diskussion zwischen Pye und Großvater und zog beider ungeteilte Aufmerksamkeit auf sich.

„Es läutet", erklärte Roger den beiden, was er hörte, dann hob er den rechten Zeigefinger:

„Hallo Paps", hörten Jose und Großvater Roger ins Telefon sprechen.

Samantha und die Polizei

Es war eine vage Ahnung, die Samantha hatte, oder vielleicht auch die Erkenntnis und Erfahrungen aus ihrem eigenen Leben. Über kurz oder lang würde Jose ihre Hilfe benötigen und dann musste es schnell gehen. Soweit Samantha das beurteilen konnte, gehen Dinge, deren Ausgang schon im Zweifel liegt, nie gut aus. Es würde an ihr liegen, rechtzeitig vorbereitet zu sein, wenn Jose ihre Hilfe benötigte, und so entschloss sie sich, gewisse Vorbereitungen für ihre Rettungsmission zu treffen.

Samantha parkte den Dodge ihres Freundes auf der Straßenseite genau gegenüber dem Polizeirevier vierzehn. Das dumpfe Vibrieren des Sechszylinders erstarb, sie zog den Schlüssel ab und blieb regungslos, nach vorne starrend, sitzend. Das hätte sie niemals gedacht, dass sie freiwillig in eine Polizeistation gehen würde. In ihrer Vergangenheit hatte sie stets einen großen Bogen um die Polizei und alles, was im Zusammenhang mit öffentlicher Sicherheit stand, gemacht. In der Tat hatte sie ihrer Meinung nach schon zu oft unfreiwillig Kontakt mit der Polizei gehabt. Seit sie von zu Hause weggegangen war, waren ihr die Kräfte der öffentlichen Sicherheit immer wieder quasi latent auf den Fersen gewesen. Zuerst waren es die Streifenwagen, die sie als Streunerin immer wieder nach Hause brachten und bei ihren Eltern abgaben. Dabei war es ihren Eltern reichlich egal, ob sie da war, ob sie nicht da war und ganz und gar, wenn sie wieder einmal aufgegriffen und nach Hause gebracht worden war. Samantha kam nicht aus einem behüteten Zuhause. Ihren richtigen Vater hatte sie nie kennengelernt und die mitunter wechselnden Freunde ihrer Mutter, ihre Stiefväter sozusagen, gaben sich in reichlich kurzer Zeit die Haustürklinken in die Hand. Ihre Mutter war zumeist in einem Delirium, in einer Art Trance, hervorgerufen von stetem Drogen- und Alkoholgenuss. Seit Samantha zehn war führte sie in Wahrheit zuhause den Haushalt. Samantha hasste es, wenn überall zu Hause Dreck herumlag, altes Geschirr oder alte Pizzakartons über Wochen im Wohnzimmer vor sich gammelten. Also hatte sie die Initiative übernommen. Zweimal hatte sie gedacht, gemeinsam mit der neuen Begleitung ihrer Mutter könnte sie ihre Mutter überreden, sich in einer Klinik einem Entzug von den Drogen und dem Alkohol zu unterziehen, doch die neuen Begleiter ihrer Mutter erwiesen sich als ebenso abhängig wie ihre Mutter selbst. In lichten Momenten war ihre Mutter sogar selbst bereit, etwas gegen ihre Abhängigkeit zu unternehmen, aber diesen lichten Momenten folgten in der Regel in kurzer Zeit nur umso tiefere Abstürze. Irgendwann hatte Samantha dann einfach aufgegeben und mit fünfzehn zog sie einen Schlussstrich unter ihre Familie und lief davon. Dass ihre Familie sie nicht willkommen heißen würde, wenn die Polizei sie wieder einmal aufgriff und nach Hause brachte, wäre nicht richtig. Richtiger war, dass Samantha es bei dieser Art von Familie nicht mehr aushielt. Ihr schauderte jedes Mal, wenn sie sah, was aus ihrer Mutter und ihrem Zuhause geworden war, wenn die Polizei sie zuhause abgab. Die Wohnung war kaum mehr als solche zu bezeichnen, ihre Mutter war von Drogen und Alkohol zerfressen und schien Samantha gar nicht mehr richtig wahrzunehmen. Von ihren Lebensbegleitern ganz abgesehen.

Als Samantha zum zweiten Mal zurückgebracht wurde, öffnete ein ihr wildfremder Mann, ein bulliger Kerl, dessen Oberkörper über und über mit mittelblauen Tattoos aus keltischen Schriftzeichen überzogen war. Das war Donkey. Er nannte sich wirklich so und er hielt sich für eine Art Schamane. Donkey war der erste Begleiter ihrer Mutter, vor dem Samantha sich fürchtete.

Kaum war die Haustür zwischen ihr und den beiden Polizisten, die sie ablieferten, ins Schloss gefallen, holte Donkey aus und verpasste Samantha einen Haken, sodass sie mehr oder weniger quer durch das Zimmer in die rechte Ecke taumelte. Ihre Mutter lag ausgestreckt zwischen Bergen Mülls auf einem der fleckigen Fauteuils. Sie lachte lauthals, als sie Samantha durchs Zimmer torkeln sah. Sie war in Trance, abgehoben von der üblichen Dosis Alkohol und irgendwelchen Drogen. Sie hatte Samantha nicht einmal mehr erkannt. Donkey war hinter Samantha her und ihre Mutter war zu zugedröhnt, um zu erkennen was vor sich ging.

Samantha flüchtete in den oberen Stock, in ihr altes Zimmer, versperrte die Tür, schob noch ihre Kommode davor und stieg keine zehn Minuten, nachdem sie nach Hause gebracht worden war, wieder aus dem Fenster ihres Zimmers. Sie hangelte sich über die Dachrinne und das Vordach des Einganges in das Erdgeschoss hinunter und war wieder zurück auf der Straße. Hier, und nur hier fühlte sie sich frei und sie machte verständlicherweise gewohnt einen großen Bogen um jene, die ihr diese Freiheit nehmen wollten.

Samantha wagte nicht einmal, ihren Kopf zu drehen und die Polizeiwache anzusehen, Sie fürchtete, dass sie dann nicht mehr den Mut aufbringen würde, dort hineinzugehen und zu tun, was getan werden musste.

Die Polizeiwache

„Siehst du das?“ Der Officer tippte mit dem Finger auf einen der schwarzweißen 10-Zoll-Monitore die die Straße unmittelbar vor dem Polizeirevier überwachten. „Ich wette zehn Mäuse mit dir, dass diese Göre hier zu uns will und dass sie uns eine noch eine Menge Ärger bescheren wird.“

Der Kollege des Officers folgte dem Finger auf dem Monitor.

„Die kenn ich, glaube ich, das ist eine Ausreißerin, die wir früher manchmal nach Hause brachten. Keine schöne Familie, wenn du verstehst, was ich meine.“

„Ich wette, die macht uns Ärger!“, beharrte sein Kollege.

„Seit einiger Zeit ist sie von der Straße runter. Sie hat einen Platz zum Schlafen bei ihrem Freund gefunden, so ein schweigsamer, mit dem wir aber noch nie Schwierigkeiten hatten. Ihm gehört glaub ich auch der Dodge.“

„Wirst schon sehen.“

Samantha hatte den Blick nach unten gesenkt. Sie stieg aus dem Wagen, schlug die Tür hinter sich zu, die mit einem dumpfen Klack ins Schloss fiel und überquerte die Straße in Richtung Polizeirevier.

„Siehst du, ich hab‘s dir ja gesagt“, triumphierte der Officer und tippte wie zur Bestätigung auf das Schwarzweiß-Abbild Samanthas auf dem Monitor. Wenige Sekunden später läutete es im Revier. Samantha hatte all ihren Mut zusammengenommen und geklingelt. Früher konnte jeder jederzeit ein Revier betreten, aber seit in jüngster Zeit einige Polizeireviere überfallen worden waren, hatte alle Reviere eine Art Sicherheitsschleuse bekommen und die wurde nur geöffnet, wenn jemand klingelte und der diensthabende Officer die Öffnung veranlasste.

„Ich mach ihr auf.“ Der Officer, der Samantha zu kennen glaubte, drückte auf den Buzzer für die Schleuse. Samantha zögerte einen Moment, ehe sie die Drehtür eindrückte und in das Revier eintrat. Die gekühlte Luft im Revier war eine Wohltat im

Gegensatz zur schwülen Wärme, die sich am Nachmittag breitgemacht hatte.

„Ich dachte, du hast einen Job im Laden bei Rodriguez, wenn man seine Bude Laden nennen kann.“ Der Officer sah demonstrativ auf seine Armbanduhr als ob er Samantha vorwerfen wollte, warum sie um diese Zeit nicht hinter der Ladentheke stand.

Der Officer hatte recht gehabt. Es war Samantha, die diesmal freiwillig zur Polizei gekommen war. Er musterte sie, wie sie da stand in ihrem schaby look, der zugehörigen unfrisierten Frisur und er dachte, dass dieses Mädchen eigentlich eine ganz hübsche sein könnte, wenn sie sich nur etwas darum kümmern würde. Samantha fühlte den Blick des Officers. Sie trat forsch bis an das Pult heran. „Wer ist denn hier zuständig?“ Es war die Mischung aus Verlegenheit und Angst, die sie gegenüber den Officers verspürte, die sie diesen Satz sagen ließ. In Wahrheit gab es keinen Zweifel darüber, dass die beiden Officers unmittelbar hinter das Pult mit den eingelassenen Kontrollmonitoren die Zuständigen waren.

„Ich fürchte, das bin ich“ entgegnete der Officer der Samantha kannte. „Hat der Laden geschlossen?“

„Nein, ich hab ihn geschlossen, denn es gibt etwa Wichtiges, das ...“

Der zweite Officer fiel Samantha ins Wort: „Lass mich raten, etwas Wichtiges, das du uns sagen möchtest und das unser aller Leben verändern wird.“

Er hielt dies für einen witzigen Einwurf, doch er brachte damit Samantha zum Stocken. Sie merkte, dass, was auch immer sie sagen würde, die Glaubwürdigkeit ihrer Geschichte schon auf Messers Schneide stand, bevor sie überhaupt erzählen konnte, um was es ging. Und Samantha stellte zu ihrem Entsetzten fest, dass sie vor lauter Überwindung, hierher zu kommen, die Geschichte, die sie erzählen wollte, nicht vorbereitet hatte. Die Officers sahen sie auffordernd an, doch Samantha brachte keine Silbe heraus. Es dauerte ein bisschen, bis sie ihre Gedanken sortiert hatte. „Das sind drei Kinder“, begann sie. „Die sind raus in die Wüste hoben bei den Wasserblocks und sie wollen in die alte Fabrik, die dort oben ist, einbrechen.“

Samantha hatte es gesagt, nun war es an den Officers zu handeln, dachte sie.

„Welche Kinder und welche Fabrik und vor allem, warum?“, wollte der Officer, der Samantha kannte, wissen, während der andere Officer nur ein breites Grinsen aufsetzte. „Und die Kinder sind böse und einbrechen tut man nicht und deshalb sollen wir da raus fahren oder wie stellst du dir das vor?“

Samantha nickte. Der andere Officer wiederholte die Frage: „Welche Kinder und welche Fabrik und vor allem, warum?“ Den letzten Teil des Satzes mit dem „warum“ betonte er diesmal besonders.

„Sie glauben, da draußen ist eine Art geheimer Basis der Regierung und sie heißen Jose, Koko und Elenie“, stotterte Samantha.

Diesmal wiederholte der andere Officer Samanthas Worte in einem süffisanten Ton und erntete dafür so etwas wie einen strafenden Blick seines Kollegen.

„Eine geheime Basis der Regierung?“

Samantha nickte.

„Und um was für eine Art geheimer Basis soll es sich da draußen handeln? Wir wissen nichts von einer Basis, und schließlich sind wir auch so etwas wie Regierungsmitarbeiter. Du meinst also in einer der alten Fabriken da oben“, er hob seine Hand in Richtung Norden, „hat sich unsere Regierung eingerichtet? Warum sollte die Regierung das machen und wozu sollte die Regierung hierfür alte Fabriken benötigen?“

„Mein Kollege hat recht, Samantha, du heißt doch Samantha?“

Wider nickte sie.

„Also warum sollte unsere Regierung da in den alten Fabriken eine geheime Basis einrichten, Samantha? Das klingt nach einem schlechten Scherz. Die Kinder werden in die alte Fabrik einsteigen, sie werden alte Dinge finden, aber wen kümmert‘s?“

Samantha spürte, wie ihr das Gespräch entglitt, sie spürte, dass sie es nicht schaffen würde, die Officers zu überzeugen den Kindern in die Wüste zu folgen, weder um sie aufzuhalten, noch um ihnen zu helfen. So würde Joses Bitte um Unterstützung im Falle des Falles nicht funktionieren. „Sie glauben, es ist eine geheime Regierungsbasis“, ergänzte Samantha, „um den Aliens auf die Schliche zu kommen.“

Der Officer gegenüber Samantha verzog keine Miene und brachte dennoch klar zum Ausdruck was er von dieser Geschichte hielt. „Tut mir leid, Samantha. Da draußen gibt es weder eine geheime Basis noch gibt es überhaupt so etwas wie Aliens, geschweige denn eine Behörde, die sich derer annimmt. Das war eine lustige Geschichte, aber mehr auch nicht. Deine Freunde da draußen brauchen wohl eine Mitfahrgelegenheit zurück aus der Wüste in die Stadt? Aber da werden sie wohl ein Taxi rufen müssen.“

Kurz wollte Samantha insistieren, aber sie erkannte, dass sie verloren hatte. Eine Geschichte über eine geheime Regierungsbasis, über drei Kinder, die die Basis überfallen wollen, und das Ganze in einer verfallenen Fabrik garniert mit der Jagd nach Aliens. Was hatte sie sich dabei nur gedacht, sich vorher keine glaubwürdige Geschichte auszudenken. Im Grunde konnte sie es den beiden Officers gar nicht verübeln, dass sie sie aus dem Revier hinaus komplimentiert hatten. Und doch musste sie es schaffen, ihr Versprechen gegenüber Jose einzulösen.

Samantha startet den Dodge. Aber diesmal musste eine bessere Geschichte her, das war fix.

Samantha ändert den Plan

Samantha beugte sich zum Beifahrersitz und öffnete das Handschuhfach. Ein kurzer Blick genügte ihr, um sicher zu sein, dass darin alles zu finden war, um ihren neuen Plan umzusetzen. Sie schloss das Fach wieder, drehte den Zündschlüssel und der Dogde startete mit seinem durchdringendem Wummern. Sie scherte aus der Parklücke aus, wendete den Dodge, indem sie in einem großen Halbkreis die gesamte Straße querte, und machte sich auf in Richtung Norden. Sie folgte der Umfahrung acht, die am westlichen Stadtrand hinauf bis zu jenem Vorort führte, von wo die vierspurige Verbindung nach Westen die Stadt verließ. Jene Verbindung, die die drei Freunde hinaus in die Wüste genommen hatten. Aber Samantha bog in die entgegengesetzte Richtung ab und folgte der Straße solange, bis sie die dortige Polizeistation sah. Gut hundert Meter vor der Station suchte sie eine Parklücke und manövrierte den Dodge hinein. Sie zog ihre Geldbörse aus der Jeans und schob sie unter eine Decke, die zusammengelegt auf dem Rücksitz lag. Dann beugte sie sich wieder zum Beifahrersitz hinüber und öffnete das Handschuhfach. Sie fingerte das kleine Säckchen mit den Drogen zwischen dem Krimskrams des Handschuhfaches heraus und begann sich einen Grasjoint zu drehen. Nicht, dass sie jetzt das Verlangen nach einem Joint gehabt hätte, doch dieser Joint war Teil ihres Planes, ebenso wie der Umstand, dass sie ohne Papiere loszog und daher ihre Geldbörse und ihr Handy auf dem Rücksitz versteckte. Man konnte nie wissen und würden die Beamten sie durchsuchen, schien es ihr das Beste, sie würden nichts finden, woraus ich ihre Identität feststellen ließ. Sie zupfte sich ihre Kappe in Unordnung, stieg aus, verschloss den Dodge und fingerte den Autoschlüssel in ein altes Rostloch über dem linken Kotflügel. Ein praktisches Versteck, das innen einen kleinen Hohlraum bot, wo man den Schlüssel sicher vor den Augen Dritter verwahrten konnte. Samantha und ihr Freund nutzten dieses

Versteck öfter, wenn sie sich gegenseitig die Schlüssel für den Dodge legen mussten.

Der laue Wind machte es gar nicht einfach, den Joint anzuzünden. Samantha drehte sich dreimal im Kreis und hielt ihre Hände schützend um die Flamme des Feuerzeuges. Der Verdammte Wind schien aus allen Richtungen zu kommen und blies die Flamme immer wieder aus, ehe sie den Joint anstecken konnte. Geschafft. So weit zum ersten Teil ihres Planes. Nun ging es darum, auch den zweiten Teil umzusetzen. Samantha verfiel in einen leicht beschwingten Gang, nicht betrunken, sondern nur leicht beschwingt. Sie ließ ihre Arme und den Joint in ihrer Hand mit großräumigen Gesten in die leere Luft greifen, um dazwischen immer wieder einen kurzen Zug von dem Joint zu nehmen. Dabei musste sie aufpassen, nicht wirklich die Dämpfe einzuatmen, denn schließlich wollte sie ja nicht high werden, sondern nur möglichst authentisch eine bekiffte Jugendliche markieren. Mit dieser Gestik schlenderte sie die knapp hundert Meter geradewegs auf die Polizeistation zu. Zu ihrer großen Zufriedenheit bemerkte Samantha, wie sie Passanten verächtlich anblickten und andere ihrem Schlendern in großem Bogen auswichen. Sie schien die bekiffte Jugendliche also glaubwürdig zu verkörpern.

Vor der Polizeistation herrschte reges Treiben. Polizeiwagen parkten abwechselnd auf den direkt davor reservierten Parkplätzen, Officers gingen und kamen. Die Station war um einiges Größer als die Station nahe ihrer alten Schule, wo sie zuerst versucht hatte, die Officers auf ihre drei Freunde aufmerksam zu machen. Diesmal lief es ganz anders. Schon als Samantha noch ein gutes Stück von der Station entfernt war, konnte sie sich der Aufmerksamkeit der Officers sicher sein. Längst hatten einige die auf sie zuschwebende Samantha bemerkt, bis schließlich eine Officerin direkt auf sie zukam. „Na, wen haben wir denn da?“, sprach die sie Samantha an.

Samantha gab sich verwirrt, antwortete in halben Sätzen und vor allem vermied sie es, das anzusprechen, weshalb sie hierhergekommen war. Perfekt, die Officerin nahm sie, die augenscheinlich vagabundierende Jugendliche, mit in die Polizeiwache. Ein kurzes Schnüffeln am Dunst des Joints hatte die Officerin bestätigt: Hier lag klar ein Verstoß gegen das Suchrmittelgesetz vor. Drogenkonsum, noch dazu auf offener Straße, und eine Jugendliche, die sich nicht ausweisen konnte, das führte unweigerlich zu deren Festsetzung. Samantha folgte der Aufforderung der Officerin, ihr in die Polizeistation zu folgen, ohne Widerstand. Sie wollte ja im Anschluss an ihren Plan keinen weiteren Ärger mit der Polizei. Sie folgte der Officerin vorbei an deren Kollegen in die klimatisierte Polizeistation. Die Officerin lotste Samantha vorbei am Pult, an der für Samantha in der anderen Station Schluss gewesen war, und brachte sie in ein kleines Hinterzimmer. Dort hieß sie Samantha Platz zu nehmen. Dann verschwand die Beamtin für einen kurzen Augenblick.

Samantha konnte durch ein Innenfenster beobachten, wie die Beamtin von einem Schreibtisch im Nebenraum einige Unterlagen, eine Art Mappe aufnahm und sich dann an der gegenüberliegenden Seite des Raumes an einem Kaffeeautomaten zu schaffen machte. Dann kam sie zurück. Die Mappe unter den rechten Arm geklemmt und in jeder Hand einen Kaffee. Einen davon bot sie Samantha an, setzte sich gegenüber von ihr auf einen Stuhl und nippte an dem heißen Kaffeebecher. Das Verhör konnte beginnen.

Das Verhör

Die Beamtin war jung, nur unwesentlich älter als Samantha, aber sie kam nicht von hier. Vielleicht irgendwo aus dem Süden Mexikos. Sie hatten einen einschlägigen Akzent und sah fast ein bischen aus wie eine Nachfahrin der Inkas. Ein glattes, schmales Gesicht, olivbraune Haut und dazu hatte sie überraschend helle, graublaue Augen. „Verstehst du, was hier vorgeht. Kannst du deine aktuelle Situation verstehen?"

Die Beamtin wollte sich vergewissern, ob Samantha so weit nüchtern war, damit ihre Aussagen später vor Gericht, wenn es denn dazu kommen sollte, auch verwendet werden konnten. Was nützten schon Aussagen von Verhafteten, wenn deren Anwälte später belegen konnten, dass was auch immer ihre Mandanten zu Protokoll gaben unter solch starkem Drogen- oder Alkoholeinfluss stattfand, dass es ihm oder ihr nicht zugerechnet werden konnte. Verlust der Geschäftsfähigkeit nannte man das, wenn nicht, wie im Falle von Alkohol, gar eigene Paragrafen Vergehen unter Einfluss von Alkohol anders, nicht selten minderbestraft, regelten, weil dem oder der Täterin zum Zeitpunkt der Tat dank des Alkohols jegliche Vernunftbegabung fehlte.

Jetzt hieß es, aufpassen. Samantha wollte unter keinen Umständen, dass die Beamtin den Eindruck bekam, sie sei von den Drogen zu stark benebelt. Dann würden sie Samantha bis zum Abklingen ihres Drogenrausches für ein, zwei Tage hier behalten. Ein, zwei Tage, die in ihrem Plan definitiv keinen Platz hatten.

„Alles bestes, Officerin. Ich verstehe, Sie haben mich wegen Verstoßes gegen das Suchtmittelgesetz festgenommen", bestätigte Samantha.

„Und wegen des Besitzes weiterer Mengen Suchtmittels", ergänzte die Beamtin und hielt mit ihrer Linken das kleine Säckchen Gras vor Samantha. Diese wusste, dass ihr Freund ordentlich schimpfen würde, wenn er erfährt, dass sie das Gras ihrem

Plan geopfert hatte. Schließlich war Gras nicht gerade billig, aber nur so würde der Plan glaubwürdig sein.

„Also, meine junge Dame, woher haben wir das?"

Bingo, das war genau das, worauf Samantha es angelegt hatte. Jetzt nur nichts übereilen.

„Danke." Samantha nahm den Kaffee und machte ein paar kleine Schlucke davon. Sie trank betont langsam. Zum einen, weil sie dachte, dass das zu ihrer Rolle als bekiffte Jugendliche auf dem Weg zur Ausnüchterung passte, und zum anderen, weil sie sich damit ausreichend Zeit verschaffe, um ihre Worte sorgfältig zu wählen. Sorgfältig gewählte Worte, die sie ebenso sorgfältig in undeutliche Aussprache und Satzkonstruktionen gliederte, um ihr Schauspiel fortzuführen. Sie begann mit dem Ort, an den sie die Beamtin schlussendlich lockten wollte.

„Wir sind draußen in der Wüste, in der alten Fabrik", stammelte Samantha, „bin nur mal los, um frische Getränke zu holen. Muss gleich wieder dahin zurück, die warten ja auf mich."

Samantha registrierte, wie die Beamtin aufhorchte. Ihre Spur war gelegt. Wenn es ihr gelang, der Beamtin vorzumachen, dass sie die Chance hatte, hier und jetzt etwas Größeres als nur eine kiffende Jugendliche dingfest zu machen, dann konnte ihr Plan aufgehen.

„Ihr seid also mehrere Leute da draußen. In einer der alten Fabriken draußen Richtung Westen sagtest du, richtig?"

Samantha nickte, gab sich aber wortkarg.

„Wer ist da draußen? Deine Freunde?", bohrte die Beamtin plangemäß nach.

Samantha nickte weiter: „Meine Freunde und deren Freunde, das ist wie auf einer großen Party, eine Verkaufsparty sozusagen."

Die Beamtin zog die Augenbrauen hoch. „Eine Verkaufsparty, was verkauft ihr denn da?"

„Nicht wir verkaufen, wir kaufen. Unsere Freunde verkaufen." Und Samantha wiederholte noch ein paar Mal Verkaufsparty und dass dort wirklich viele Freunde eine große Party schmissen.

Die Beamtin wollte mehr von dem Geschäftsmodel wissen und erkundigte sich wiederholt danach, was denn verkauft würde, und nachdem Samantha sichergehen wollte, dass die Beamtin mit ausreichend Kollegen zur Fabrik hinausfuhr, trug sie nun dick auf: „Die haben sogar Wachen dort. Das ist die bestbewachte Party des ganzen verdammten Landes. Weißt du, dort kommen nur geladene Gäste, alles vom Feinsten."

„Und wann steigt die Party?", erkundigte sich die Beamtin.

„Aber die läuft doch schon seit Mittag. Die läuft noch den ganzen Nachmittag und den ganzen Abend. Vielleicht sogar bis morgen. Aber hörst du mir denn nicht zu? Ich sagte doch, dass ich nur losgeschickt wurde, um Getränke für die neuen Gäste zu holen. Da kommen und gehen ständig neue Leute. Der Gastgeber will ja schließlich, dass die neuen Gäste etwas zu trinken bekommen."

„Und da haben sie dich losgeschickt, um einzukaufen?"

Samantha nickte wieder und suchte in Gedanken nach etwas, um ihre Angaben zu untermauern. „Sie haben mir sogar Geld mitgegeben. Während meine Freunde das Geschäft mit den Gastgebern machen, haben sie mich gebeten, rasch ein paar Getränke zu holen." Samantha kramte in ihren Hosentaschen, fand erwartungsgemäß nichts darin und gab sich dann überrascht und erschrocken. „Mein Geld ist weg, sie haben mir auch Geld mitgegeben, ein ganzes Bündel." Sie zeigte ihre leeren Hände der Beamtin mit gespielter Verzweiflung. „Ich muss es verloren haben, man hat es mir gestohlen, sie müssen mir helfen, so kann ich nicht zurück, sie werden es mir nicht glauben, die Freunde meiner Freunde sind keine netten Freunde, wenn es ums Geld geht." Samantha gestikulierte wild.

„Du sagtest deine Freunde haben Waffen?"

„Nein, nicht meine Freunde haben Waffen. Die Freunde meiner Freunde haben Waffen. Sie müssen die Party ja auch beschützen. Und die ganze Ware müssen sie auch bewachen, sonst kommt ja alles weg. Die schöne Ware."

Damit hatte Samantha schon einen Großteil ihres Planes erfüllt. Sie hatte der Beamtin weisgemacht, dass da draußen in einer der Fabriken ein Drogenumschlagplatz existiert, bewacht von bewaffneten Drogenhändlern und sie hatte gelogen, dass der Drogenumschlag heute stattfand. Das sollte ausreichen, um die Beamtin auf Trab zu bringen. Tatsächlich entschuldigte sich die Beamtin für einen Augenblick und Samantha konnte wieder durch das Fenster beobachten, wie die Officerin von ihrem Schreibtisch aus telefonierte. Kurz darauf scharten sich einige Kollegen um sie und es entstand unübersehbar eine Betriebsamkeit in der Polizeistube. Möglicherweise hatte Samantha es geschafftm die Aufmerksamkeit der Beamten zu wecken.

Die Drogenfahndung

Samantha trank von ihrem Kaffee. Der Augenblick, für den die Beamtin sie kurz verlassen wollte, dehnte sich zu einer ganzen Weile. Die Betriebsamkeit in den Räumen, die Samantha durch das Fenster beobachten konnte, hatte sich wieder gelegt. Ihre Beamtin war ganz und gar aus dem Sichtfeld verschwunden. Dafür trat plötzlich ein hagerer, hochgewachsener Mann in Zivil in das Zimmer. Samantha schreckte zurück. Der Mann trat ohne Umschweife an den Tisch zu ihr heran, er griff zuerst ihren linken und dann ihren rechten Arm. Dabei streifte er ihre Ärmel so weit hoch, dass er ihre Ellbogen sehen konnte. Fast hätte er dabei Samanthas Kaffee verschüttet.

Sie protestierte und für einen kurzen Augenblick überlegte sie tatsächlich, dem Mann ihren Kaffee über den Anzug zu gießen. Sie besann sich aber und protestierte starttdessen lautstark.

„Immer mit der Ruhe“, hob der Mann beschwichtigend die Hände und trat auch wieder einen Schritt zurück. „Ich wollte nur sehen ob du eine von den verdammten Junkies bist.“

„Bin ich nicht“, protestierte Samantha entrüstet, wenngleich sie die Annahme des Mannes verstehen konnte. Vermutlich hatte seine Kollegin ihm gesagt, sie hätte eine Jugendliche aufgegriffen, die augenscheinlich zugedröhnt ist, die etwas von Waffen, einem Drogengeschäft und Drogenpartys stammelte. Da konnte man mit Fug und Recht annehmen oder zumindest vermuten, dass sie selbst auch Drogen nahm. Nie und nimmer, dachte Samantha bei sich selbst. Nie und nimmer würde sie das Schicksal ihrer Mutter teilen oder auch nur den gleichen Weg einschlagen, aber das konnte der Mann ja nicht wissen. Wer war er überhaupt?

„Oh, entschuldige, ich habe mich ja noch gar nicht vorgestellt.“ In seiner Stimme lag ein frotzelnder Unterton, aber den ignorierte Samantha. Sie wusste, das die Beamten gerade bei Drogenkunden nachhaltig misstrauisch waren. Sie wussten ja nie, ob ihnen ein großer fisch ins Netz gegangen war oder nur eben ein Laufbursche. Daher hatten sie alle die Vorgabe, jede Befragung möglichst gesetzeskonform durchzuführen. Würden sie nämlich einen großen Fisch an der Angel haben, so bedeutete das auch, dass der große Fisch viel Geld hatte und mit viel Geld konnte man viele gute Anwälte bezahlen. Falls bei der Festnahme oder der folgenden Befragung auch nur die leisesten Zweifel an der Gesetzmäßigkeit aufkamen, genügte das den Anwälten schon, um ihren Mandanten dem Zugriff der Polizei zu entziehen. Also galt es, keine Fehler zu machen. Kein Fehler bedeutete auch, sich in jedem Fall, ob widerwillig oder nicht, dem Festgenommen korrekt vorzustellen. Nur über den Unterton in dieser Vorstellung schwieg das Gesetz.

„Mein Name ist Defoe, Frank Defoe von der Drogenfahndung."

Samantha nippte zum letzten Mal an ihrem Kaffee und stellte den Becher zurück auf den Tisch.

„Meine Kollegin hat mir gesagt, du bist zum Einkaufen hier in der Stadt?"

„Getränke für meine Freunde und deren Freunde!", bestätigte Samantha.

„Für deine Freunde und deren Freunde", wiederholte der Drogenfahnder und setzte nach: „Und das Geld dafür wurde dir gestohlen?"

„Gestohlen oder ich habe es verloren, wer weiß, jedenfalls werden die Freunde meiner Freunde nicht glücklich sein über den Verlust." Samantha bemühte sich ein möglichst naives und unerfahrenes Gesicht zu machen.

„Du hast recht", bekräftigte der Fahnder Samanthas Annahme. „Sie werden nicht zufrieden sein, wenn du ohne Geld und ohne Getränke zu ihnen zurückkommst. Sie werden denken, du hast das Geld für etwas anderes verbraucht. Weißt du, ich bin schon ziemlich lange in diesem Geschäft bei der Drogenfahndung. Ich habe schon viele Dinge gesehen und erlebt. Aber ich habe es noch nie erlebt, dass Drogendealer zufrieden waren, wenn man ihr Geld verliert."

„Es war nicht viel Geld, nur eben zum Einkaufen."

„Ja, ich habe schon verstanden, zum Einkaufen von Getränken. Aber weißt du …" Frank Defoe drehte den Stuhl gegenüber Samanthas um 180 Grad um und setzte sich Samantha zugewandt mit der Lehne zwischen den Beinen an den Tisch. Seine Finger trippelten die Rückenlehne des Stuhl entlang, trafen sich in der Mitte und trippelten wieder an die Lehnenränder. „Weißt du, meine Erfahrung sagt mir, dass solche Freunde deiner Freunde in punkto ihres Geldes nicht sehr tolerant sind. Sie machen keinen Unterschied, ob es viel oder wenig war. Es geht eher darum, ob sie dir glauben, dass du es verloren hast oder dass es dir gestohlen wurde, und ich fürchte, ich muss dir sagen, dass diese Geschichte selbst für einen Drogendealer mehr als unglaubwürdig klingt."

Samanthas Deal

Officer Frank Defoe krempelte sich die Ärmel seines Uniformhemdes bis zu den Ellbogen hoch, so als ob er jetzt mit der eigentlichen Arbeit erst loslegen würde. Samantha kannte diese Art von Polizisten. Sie gaben sich rüde, bisweilen hart und unnahbar. Sie vermutete, dass man als Officer so werden musste, wenn man länger in dem Metier von Drogenhändlern und Kriminellen zu tun hatte. Man musste so werden, um eine Art Schutzwall rund um sich aufzubauen, um die Dinge, die man sieht und erlebt, von einem abprallen zu lassen, um nicht am Ende des Tages selbst ein Teil dieses Milieus zu werden.

Defoe lehnte sich auf dem Stuhl zurück und drückte sich gegen die imaginäre Lehne, an der er sich vorne mit ausgestreckten Händen festhielt. Er schien Samantha zu taxieren. Er versuchte einzuschätzen, wie groß der Drogenfisch war, den er hier an seiner Angel hatte und ob es sich lohnen würde, der Party, von der Samantha gesprochen hatte, einen Überraschungsbesuch abzustatten. Auch Samantha lehnte sich zurück und krempelte ihren Ärmel betont langsam wieder hinunter. Hatte der Officer die Geschichte geschluckt? War er drauf und dran, eine Einsatzgruppe zusammenzustellen, um sich bei ihren Freunden auf der Party umzusehen, oder würde er sie in eine Ausnüchterungszelle stecken und das war es dann? Auch Samantha taxierte ihr Gegenüber.

„Wir können dir einen Deal anbieten“, brachte Defoe hervor. „Einen Deal für dich und vielleicht für deine Freunde auf der Party.“ Defoe schnalzte mit der Zunge. Samantha rührte sich keinen Millimeter und hielt auch ihre Gesichtszüge im Zaum. „Wenn die Geschichte, die du uns da erzählst, die du auch meiner Kollegin vorhin erzählt hast, stimmt, dann ist da draußen bei der Fabrik gerade so etwas wie eine Verkaufsveranstaltung im Gange?“ Sein Tonfall implementierte ein gewisses Nachfragen und er wiederholte sich: „Wenn deine Geschichte über die Party korrekt ist, läuft da gerade so etwas wie eine Tupperware -Party, nur ohne Tupperware, stimmt das so weit?“

Samantha senkte ihre Augen, weil sie Angst hatte, Defoe könnte an ihren Augen ablesen, ob sie die Wahrheit sagte. Sie wusste, dass das Quatsch war, aber ihre Großmutter hatte ihr einmal gesagt, in den Augen des jeweiligen Gegenübers erkenne man unzweifelhaft dessen Absichten. Die Augen sind das Tor zur Seele und dort ist festgelegt, ob jemand gute oder schlechte Absichten hat, ob jemand lügt oder die Wahrheit spricht. Defoe rutschte auf seinem Sessel nach vorn bis ganz an die Lehne und ließ sich leicht nach hinten und nach unten fallen. Vielleicht hatte er die gleiche Geschichte über die Augen gehört, jedenfalls suchte er Augenkontakt mit Samantha.

„Ja, das ist korrekt, eine Verkaufsparty“, bestätigte Samantha rasch, in der Hoffnung dass Defoe damit von ihren Augen abließ.

„Also, der Deal ist folgender: Du verrätst uns, wo genau diese Party stattfindet. Auf dem Weg raus in die Wüste gibt es eine Vielzahl leerstehender Gebäude und alter Fabriken. Wir wollen uns hier nicht auf die Suche nach dem sprichwörtlichen Heuhaufen machen, vor allem aber möchten wir den Partygebern durch unsere Suche nicht die Chance geben, die besten Stücke der Party verschwinden zu lassen. Finden wir diese besten Stücke, steht der Deal. Wir vergessen, dass wir dich hier bei uns aufgenommen haben, und du kannst gehen.“

Defoes Vorschlag hörte sich für Samantha schon ganz gut an. Offenbar war ihre Schilderung von dem Drogendeal glaubhaft gewesen. Wie der Officer reagieren würde, wenn sich erst herausstellte, dass keine Drogen, sondern nur eine geheime Regierungsbasis zu finden war, mochte sich Samantha lieber nicht ausmalen. Aber jetzt war nicht der Zeitpunkt für Zweifel, jetzt galt es den Sack, in dem sich Dafoe schon so gut wie befand, zuzuschnüren. „Und was ist mit meinen Freunden?“

„Junkies?“

Samantha verneinte mit heftigem Kopfnicken. „Nur gelegentlich Gras. Diese Party ist ganz sicher einige Nummern zu groß für sie. Wer weiß, ob sie überhaupt noch dort sind. Ich könnte mir vorstellen, dass sie das Weite gesucht haben, bevor die anderen kommen."

„Wer, die anderen? Was meinst du mit bevor die anderen kommen?"

Samantha gab sich entrüstet, fast schockiert und peinlich berührt. Der große Drogenfahnder wusste nicht, wie das Geschäft läuft?

„Na bevor die allabendlichen Gäste kommen, jene, die sich nicht tagsüber aufmachen, um etwas Gras zu kaufen. Die wollten uns doch so schnell wie möglich wieder loswerden, bevor es richtig losgeht mit den Lieferungen und dem Geschäft."

Samantha machte ein Pause, damit ihre Geschichte wirken konnte. „Und was ist denn mit meinen Freunden?"

„Wenn dort wirklich große Geschäfte laufen, dann werden wir für deine Freunde schon eine Lösung finden", beschwichtigte der Officer Samantha, „aber es wird etwa dauern, bis ich ein Team zusammengestellt habe, um da raus zu fahren. Findest du denn wieder dorthin?"

Samantha gab als Antwort nur einen Na-sicher-Blick, auch wenn ihr gar nicht danach zumute war. Schließlich war sie noch nie da draußen gewesen und Jose hatte ihr den Ort und wie sie gedachten, dort hinzukommen, nur am Telefon beschrieben. Sicher, dass sie jemals dorthin finden würde, war sich Samantha keineswegs.

Es geht los

Defoe war wieder aus dem Verhörzimmer gegangen und hatte Samantha ohne weitere Worte dort zurückgelassen. Durch das Innenfenster konnte Samantha erneut beobachten, wie sich in den umliegenden Büros eine gewisse Betriebsamkeit entwickelte. Offenbar war Frank Defoe damit beschäftigt, eine Truppe für die Fahrt aus in die Wüste als Überraschungsgäste zusammen zu stellen. Je mehr Betriebsamkeit sich in den Büros entwickelte, desto mulmiger wurde es Samantha. Was würden die Officers wohl mit ihr anstellen, wenn sie merkten, dass das Ziel der Ausfahrt lediglich ein paar, wenn auch geheime, aber doch Regierungsbüros waren? Und Samantha wagte gar nicht erst, sich die Konsequenzen auszumalen, wenn die Beamten dahinter stiegen, dass alles nur ein abgekartetes Spiel war, um ihre Zufallsbekanntschaften aus Onkel Rodriguez‘ Laden aus einer allenfalls misslichen Situation in der Wüste zu befreien. Wobei, die missliche Situation wäre ja noch ein Rechtfertigungsgrund gewesen, schließlich ging es um Schüler. Doch was, wenn sich all die Hinweise, verschwundene oder sich im Nirgendwo verlierende Stromleitungen als das herausstellten, was sie zu sein vorgaben: alte Leitungen, irgendwo abgerissen und daher nicht weitergeführt, eine alte, vermutlich leere Fabrik, in der vielleicht vor unzähligen Jahren etwas wie Sprengstoff, Munition oder irgendein Hightechzeugs hergestellt worden war, das man mit gutem Grund vor Neugierigen Augen auf Google Maps verbergen wollte. Keine Außerirdischen, kein geheimes Regierungslabor, schlicht alte Häuser und ein verwaschener Fleck auf Google ohne aktuelle Bedeutung.

Samanthas Magen knurrte und brachte sie kurzzeitig auf andere Gedanken. In der Tat hatte sie Hunger, sie hatte den ganzen Tag über noch nichts gegessen, außer den einen Kaffee, den ihr die Officerin gebracht hatte. Durfte sie den Raum verlassen? Samantha wusste nicht recht, was ihr letztes Gespräch mit Defoe für Auswirkungen gehabt hatte, und so entschloss sie sich, es auszuprobieren. Schließlich hatte man ihr keine Handschellen angelegt und sie war auch nirgends angebunden.

Sie stand auf, ging zur Tür und ließ dabei das Fenster nicht aus den Augen. Niemand in den umliegenden Büros schien ihr Beachtung zu schenken. Sie dreht vorsichtig den Türknopf und probierte die Tür zu öffnen: nicht abgeschlossen. Ein letzter Blick in Richtung Fenster, aber dort nahm man von ihrem Unterfangen keine Notiz. Langsam, ganz vorsichtig, wie wenn es galt, keinen Lärm zu machen, öffnete sie die Tür einen Spalt. Das war Nonsens, denn kaum hatte sie die Tür einen Spalt breit offen, drang der laute Bürolärm der hin und her wuselnden Officers herein und übertönte jedwedes allfällige Knarzen oder Quietschen der Tür. Samantha steckte den Kopf durch den Türspalt.

„Wir wollen doch nicht schon etwa gehen?“

Defoe stand keinen Meter von ihr entfernt und wunderte sich über den Kopf, der aus dem Türrahmen ragte. Samantha erschrak und drehte den Kopf so schnell in die Richtung, aus der die Stimme Defoes gekommen war, dass sie sich die Stirn am Türblatt stieß. Sie rieb sich die Stirn, war aber gleich wieder gefasst. „Nein, keine Sorge, aber ich frage mich, ob es hier auf diesem Revier etwas zu essen gibt. Ich habe den ganzen Tag noch nichts gegessen.“

Defoes Kopf deutete in Richtung Ausgang, neben dem ein Sandwichautomat stand. „Ich lasse dir etwas bringen, Ei und Schinken?“

„Danke, das wäre großartig“

Defoe deutete Samantha sich wieder in den Verhörraum zurück zu ziehen. „Vergiss nicht, der Deal ist, dass du uns da raus führst. Du kommst mit und wirst uns den Weg zeigen. Da wollen wir natürlich nicht, dass du uns vor lauter Hunger umkommst.“

Verdammt, dachte sich Samantha, es war schlimmer als befürchtet. Wenn sie mit rausfuhr zu den Freunden würden die

Officers schon nach den ersten Metern merken, dass sie keine Ahnung vom Weg hatte. Sie müsste den Weg sich ja selbst erst suchen und das war kein gutes Fundament, um ihre Geschichte glaubhaft zu untermauern. Zudem sah sie, dass es draußen bereits dunkel wurde. Wie sollte sie im Dunkeln erfolgreich einer Stromleitung folgen, die man vermutlich gegen den Himmel gar nicht mehr erkennen konnte? Ein junger Rekrut stieß die Tür auf und brachte Samantha zwei Ei-Schinken-Sandwiches in der üblichen Plastikverpackung, wie sie Automaten vorrätig hatten. Unter dem Arm hatte er eine Flasche Wasser geklemmt und stellte sie vor Samantha auf den Tisch.

„Danke.“ Samantha nahm die Sandwiches entgegen, obwohl ihr der Hunger gerade verflogen war.

„Brauchst du sonst noch etwas?“ Der Rekrut war kaum älter als sie selbst und schien an Samantha interessiert.

„Leider hab ich kein Handy, ich hab‘s verloren und ich denke, ich sollte meine Eltern anrufen, damit sie wissen, wo ich hängen geblieben bin. Eigentlich sollte sie heute Abend besuchen. Sie warten bestimmt schon.“

Ohne zu zögern und ohne nachzudenken zog der Rekrut sein Handy aus der Hosentasche und hielt es Samantha vor die Nase: „Hier, du kannst meines nehmen.“

Der zweite Anruf

Die zwei Männer bemühten sich, das geplatzte Päckchen sorgfältig vom Boden aufzuheben. Joses Onkel reichte ihnen eine Plastiktüte, um das kostbare Pulver erneut dicht zu verschließen. Dabei ließen Chavrez, Joses Onkel und die Männer die Kinder keine Sekunde aus den Augen. Ein schwieriges Unterfangen, wollten sie doch so wenig wie möglich von dem kostbaren Pulver bei ihrer Bergung verlieren. Der stämmigere der beiden Männer feuchtete die Fingerkuppe seines Zeigefingers an und tippte damit in den am Boden verstreuten Staub und erntete prompt einen mahnenden Blick von Chavrez.

„Wollte mich nur vergewissern, dass mit der Ware alles in Ordnung ist“, rechtfertigte sich der Stämmige und schleckte schnell den Finger ab. Sein nachfolgendes Nicken sollte wohl bestätigen, das es sich nur um einen Gütetest handelte. Chavrez grummelte und die Männer hatten verstanden. Fein säuberlich schoben sie mit den Handflächen das restliche Pulver am Boden zu schmalen Häufchen zusammen und mühten sich mit einem Bogen Papier, die Drogen mithilfe des Papiers wieder in den Plastikbeutel zu manövrieren. In diesen Moment der Konzentration klingelte erneut ein Handy und wenn es schon nicht wie zuvor zu einer Beinahe-Katastrophe gekommen wäre, so reichte das überraschende Klingeln doch, den Stämmigen zu erschrecken. Das Papier zitterte und um ein Haar wäre der letzte Drogenhaufen wieder auf dem Betonboden gelandet. Für einen Moment blieb Jose wie angewurzelt stehen, schließlich spürte er in seiner Hose das Vibrieren seines Telefons. Chavrez deutete Jose abzuheben. Umständlich kramte er unter dem aufmerksamen Blick Chavrez‘ das immer noch schrillende Handy aus seiner Hosentasche und drückte den Annahmeknopf. „Hallo?“

Samantha meldete sich. In Joses Kopf überschlugen sich die Dinge und er suchte seine Gedanken zu ordnen und dabei so teilnahmslos wie irgend möglich auszusehen. Schließlich stand er inmitten einiger sehr angespannter Gauner und wollte diesen keinen Anreiz für spontane Handlungen geben. Sein Onkel hatte sich zwischenzeitlich zwischen ihn und seine Gaunerkumpels gestellt. Offenbar befürchtete auch er vorschnelle Aktionen.

„Nein, Mum, bei uns ist alle in Ordnung“, hörten die Umstehenden Jose ins Telefon sprechen. Joses Onkel wusste sofort, dass da etwas nicht stimmte, denn Jose nannte seine Mutter sonst Joan. Warum auch immer, es war in Joses Familie immer üblich gewesen, sich innerhalb der Familie mit Namen anzusprechen. Joses Onkel hatte Jose durchschaut und für einen kurzen Moment überlegte er, ob er Joses Spiel aufdecken sollte.

„Wir sind bei Koko und den anderen. Ja, wir sind fünf Kinder zusammen und feiern gemeinsam den Geburtstag von Kokos Vater.“

Joses Onkel schwieg. Er wusste nicht, ob er sich letzten Endes gegen Chavrez und seine beiden Gaunerkollegen durchsetzen können würde und wenn er Jose verriet, konnte das für Jose böse enden. Das konnte er nicht verantworten. Auch wenn er stets mit einem Fuß über der Seite des Legalen stand, so wollte er mit solchen Sachen nichts zu tun haben. Und schließlich war Jose Familie.

Samantha auf der anderen Seite der Leitung stutzte. Jose hörte sich normal an, doch das, was er sagte, war Unsinn. Weder war sie seine Mutter, noch hatte sie ihn gefragt, was er denn gerade mache. Sie schloss daraus richtig, dass Jose in ernsten Schwierigkeiten steckte. Jose hatte das Gespräch beendet, indem er sich von seiner Mutter verabschiedete und ihr mitteilte, dass er ohnedies bald nach Hause kommen werde.

Samantha dachte über den Inhalt des Gesprächs nach, nachdem sie dem Beamten das Handy zurückgegeben hatte. Offenbar sind die Freunde noch zusammen, schlussfolgerte sie. Sie sind zu dritt, daher kann sich die Angabe Joses mit fünf Kindern nur auf die Schwierigkeiten beziehen, in denen sie gerade stecken. Vermutlich werden sie von fünf Personen bedroht und wenn er ankündigt, bald nach Hause zu kommen, dann wollte Jose Samantha wohl sagen, dass es eilt und sie bald Hilfe schicken sollte.

„Ich denke, es wird besser sein, wenn du dein Handy jetzt ausstellst.“ Chavrez‘ Stimme ließ keinen Zweifel offen, dass es ich nicht um eine höfliche Bitte handelte, sondern um eine klare Anweisung. „Überhaupt denke ich, dass wir langsam einen Plan brauchen, wie das hier weitergehen soll.

Die Männer waren fertig und stülpten den gereichten Sack über das geplatzte Paket und umwickelten das Ganze dick mit Paketklebeband. Das Paket legten sie auf einen niedriegen Tisch links vorne im Raum. Dann wandten sie sich den Freunden zu. Koko spürte, dass es jetzt ernst wurde.

„Vielleicht sollten wir sie mal sicher verwahren, um in Ruhe nachdenken zu können, was wir mit ihnen machen sollen“, schlug Joses Onkel vor.

Chavrez nickte und das war den Männern quasi Auftrag genug. Je einer nahm Koko und Jose an der Hand, Chavrez nahm Elenie und sie führten die drei die paar Treppen hinauf, durch die Tür in den angrenzenden Gang. Gleich die erste Tür am Gang zur Rechten Seite entpuppte sich als fensterloser Lagerraum. Koko und Jose wurden mehr oder weniger unsanft in den Raum gestoßen, während Chavrez Elenie wortlos an der Schulter hineinführte und hinter den dreien die Tür schloss. Die drei hörten, wie Chavrez von außen die Tür versperrte.

„Das ist gut“, hatte Koko ihre Stimme wieder gefunden. „Die versperrte Tür schützt uns vor unüberlegten Handlungen der Gauner.“

Elenie stieß Koko mit dem Ellbogen an.

„Ist doch war“, sagte Koko. „Dein Vater scheint so etwas wie ihr Chef zu sein. Der Chef von Gaunern oder Drogenschmugglern ist nun mal eben auch ein Gauner.“

Elenie wusste, dass Koko recht hatte, aber das Eingeständnis, ihr Vater sei kein Regierungsbeamter und auch kein geheimer

Militärmitarbeiter, sondern ein gewöhnlicher Gauner, konnte sie sich nicht abringen.

„Ich habe mit Samantha telefoniert“, ließ Jose die beiden anderen wissen.

„Dann war das gar nicht deine Mutter?“ Elenie konnte manchmal ziemlich naiv sein.

„Nein, das war nicht seine Mutter.“ Koko hatte das Schauspiel offenbar durchschaut. „Weder sind wir zu fünft, noch machen wir hier eine Geburtstagsparty für meinen Vater, denn wie du vielleicht weißt, lebe ich bei meinen Großeltern, noch glaube ich, dass wir bald nach Hause kommen. Wir können nur hoffen, dass Samantha alle die Informationen richtig verstanden hat: Uns dreien machen fünf Leute Schwierigkeiten und sie sollte uns baldigst Hilfe schicken.“

Die Streifenwagen kommen

Humbold hatte das ganze Gespräch über geflüstert, um sicher zu gehen, dass seine Stimme nicht weit in die Nacht hinein gehört werden konnte. In Wahrheit, obwohl es tatsächlich unheimlich still hier draußen war, konnte man seine Stimme keine zehn Meter vom Pick up entfernt schon nicht mehr hören. Die Nacht war leise, aber sie schluckte auf eigentümliche Weise alle Geräusche. Mehr noch, die Nacht schien aktiv die Geräusche zu dämpfen. Wie unsinnig das Flüstern sein musste, merkte Humbold keine fünf Minuten später, als er schon relativ nahe einen blinkend roten Schein am Nachthimmel entdeckte.

Er streckte seinen Kopf wieder aus der Mulde und sah sich um. Aus der Richtung, aus der er und die Freunde mit dem Pick up hierher gefahren waren, näherte sich ein bunt leuchtendes Knäuel an Alarmlichtern, Humbold schätzte die Einsatzkräfte auf sechs bis zehn Wagen, deren Warnblinken am Dach den Himmel und die Nacht mit abwechselnd rot-blauem Schein erhellten. Auch wenn die Einsatzkräfte ohne Folgetonhorn auf ihn zurasten, so hätte er doch gedacht, den Motorenlärm, den Fahrlärm längst zu hören. Tatsächlich schoben sich die Einsatzwagen gefolgt von einer rotblau glimmenden Staubwolke rasend schnell näher, ohne nur den geringsten Laut. Humbold zog den Kopf wieder ein. Was war passiert? Hatte man die Freunde entdeckt und ihr Eindringen als Einbruch gewertet? Hatten die Behörden die Einsatzkräfte gerufen, um die Freunde festnehmen zu lassen? Oder hatte eine automatische Alarmanlage die Eindringlinge bemerkt und waren die Einsatzkräfte automatisch informiert worden? Oder hatten die Menschen im Bürogebäude gar ihn entdeckt oder gehört und kamen die Einsatzwagen, um ihn aus seinem Versteck zu jagen und festzunehmen? Durch Humbolds Kopf jagten viele unterschiedliche Gedanken. Am meisten beunruhigte ihn der Gedanke, die Einsatzkräfte wären auf dem Weg, die Freunde festzunehmen. Humbold überlegte. Wie konnte er die drei warnen? Wenn die Polizei von einem automatischen Alarmsystem gerufen worden war, so könnten die drei vielleicht durch einen raschen Rückzug entkommen. Oder waren sie doch gekommen, um ihn festzusetzen? Beim nächsten Versuch, über den Rand der Mulde hinaus zu blicken, war der anrasende Konvoi schon deutlicher. Sechs Polizeiwagen und ein Sanitätswagen. War den Freunden etwas zugestoßen? Inzwischen war der Fahrlärm deutlich auszumachen. Der Abstand des Konvois zu Humbolds Versteck war auf wenige hundert Meter geschrumpft. Nachdem der Konvoi keine Anstalten machte, auf Humbolds Versteck hin langsamer zu werden, mutmaßte er, dass die Freunde enttarnt worden waren. Er zog seinen Kopf ein, so gut es ging, um nicht von den Scheinwerfern der Autos erfasst zu werden. Er duckte sich und beobachtet die Wagen. Der Abstand betrug kaum noch fünfzig Meter, als die Wagen plötzlich die Sirenen aktivierten. Das Alarmsignal der Sirenen verdrängte mit Wucht die vorangegangene Stille der Nacht. Die Wagen waren an Humbolds Versteck vorbeigerast. Er blickte ihnen nach in Richtung des Bürogebäudes. Er legte sich zurück auf das Pickupdach und starrte durch das Zielrohr. Hinter den Fenstern löste das laute Folgetonhorn plötzlich hektische Bewegungen aus. Aber irgendetwas stimmte nicht. Zwei Wagen hielten am Einfahrtstor, während jeweils zwei andere nach links und rechts um den Bürokomplex ausscharten um auf dessen Rückseite zu gelangen. Es sah so aus, aus würden die Einsatzkräfte das Gebäude umzingeln und in die Zange nehmen. Humbolds Zielfernrohr sprang von einem Wagen zum anderen. Die beiden in Front des Einfahrtstores hatten angehalten, hinter ihnen der Sanitätswagen. Aus einem der Streifenwagen stieg ein stämmiger Mann aus und ging auf das Tor zu. Die Hektik hinter den erleuchteten Fenstern hatte noch zugenommen. Humbold sah die Schatten hin und her flitzen. Irgendetwas stimmte hier ganz und gar nicht.

Roger ist besorgt

Es gibt Telefonate, in denen wird Belangloses gesprochen. Es gibt Telefonate, in denen werden wichtige, oft auch Geheimnisse besprochen, die nicht für die Ohren Dritter bestimmt sind. Und es gibt Telefongespräche, die klingen nach etwas völlig Belanglosem und lösen doch Sorge und Beunruhigung aus, wie sie sonst nur nach Gesprächen über Geheimnisse entstehen. Roger saß ungerührt auf der Couch und war sich nicht sicher, ob er nicht gerade eines dieser letzteren Gespräche geführt hatte. Sein Vater hatte geflüstert. Das war schon grundsätzlich eigenartig. auf Rogers Fragen schien Humbold stets eine passende Antwort parat zu haben. Er hatte Roger erklärt, dass es den Freunden gut gehe, und auch, dass sie Pye vermissten. Roger kannte seinen Vater, und er wusste, dass es keinen Sinn machte, Humbold mit bohrenden Fragen mehr herauslocken zu wollen. Humbold war immer schon eigentümlich, um nicht zu sagen stur gewesen. Den Freunden ging es also bestens. Humbold hatte Grüße an Pye ausrichten lassen und nahm umgekehrt die Grüße von Pye für die drei Freunde entgegen.

„Er flüsterte“, murmelte Roger und Pye und Großvater schauten gebannt auf Roger.

„Er flüsterte und sprach nur so viel wie unbedingt nötig.“

Roger spürte, dass etwas ganz und gar nicht stimmte und das es etwas sein musste, von dem Humbold annahm, dass sein Sohn es nicht gut heißen würde. „Er hat mit deinen Freunden da unten irgendetwas am Laufen. Ich habe keine Ahnung, was er da ausheckt oder in welcher Lage er sich gerade befindet.“ Roger blickte auf seine Armbanduhr, die halb acht am Abend anzeigte. „Es ist da unten, so wie hier, längst dunkel. Er müsste eigentlich zu Hause sein und dann gäbe es keinen Grund zu flüstern“, dachte Roger laut.

„Vielleicht schleicht er wieder um die Häuser?“

Pyes Vermutung strafte Roger mit einem ernsten Blick und Kopfschütteln. „Nein, das wäre viel später, mitten in der Nacht, wenn er nicht schlafen kann. Aber du hast rechte, er ist sicherlich unterwegs. Zu Fuß, denn auch im Auto hätte er normal reden können und Fahrgeräusche im Hintergrund habe ich keine gehört.“

„Kann es denn nicht sein, dass tatsächlich alles in bester Ordnung ist?“ erkundigte sich Großvater. „Vielleicht“, gab Roger zurück, aber aus der Betonung dieses Wortes war für alle herauszuhören, dass Roger es nicht ernst meinte. Was um alles in der Welt ging da unten in Mexiko gerade vor?

Die Befreiung

Der Lagerraum war nicht besonders groß. Vielleicht dreimal vier oder fünf Meter. Es roch nach Reinigungsmittel und in einer Ecke standen Kübel, ein paar Kanister, vermutlich voll mit Reinigungsmitteln und an der Wand lehnten einige Wischtücher mit langem Stiel, die jemand zum Trocknen dort aufgestellt hatte. Das war unzweifelhaft die Putzkammer. Koko musterte die Decke. Auf dem nackten Beton der Unterseite hing abgehängt an dünnen Ketten die Neonröhre, die den Raum in sein uncharmantes Licht tauchte.

„Immerhin sitzen wir nicht im Dunkeln fest", bemerkte Koko und wollte damit die Situation etwas entspannen. Doch weder Jose noch Elenie waren für diese Art der Entspannung empfänglich. Elenie konnte es immer noch nicht fassen, dass ihr Vater ein Krimineller war, und Jose, der wusste, dass sein Onkel zwielichtige Geschäfte betrieb, sorgte sich im Wissen um die Geschäfte seines Onkels um ihre Zukunft. Wie weit würde sein Onkel gehen? Immerhin hatte er ihn wegen des Telefonats nicht verraten. Doch das mochte alles und nichts gleichermaßen bedeuten. Sein Onkel stand eindeutig unter der Fuchtel von Elenies Vater. Und ihre beiden Begleiter sahen ohnedies so aus, als wären sie auf Zuruf zu jeder nur erdenklichen Schandtat bereit. Immerhin – und das wusste Jose – galten Drogengeschäfte nicht als Kavaliersdelikte und die darin involvierten prangten mit allerlei letalen Verletzungen schier wöchentlich auf den Crimeseiten der Nachrichtenmagazine. „Vielleicht können wir mit den Wischstangen die Tür ...", setzte Koko ihre Unterhaltung mit sich selbst fort, als sie jäh innehielt und lauschte. Es vergingen ein paar stille Sekunden.

„Hört ihr das?" Elenie und Jose lauschten, konnten aber absolut nichts hören.

„Wir hören nichts", antworteten sie beinahe zeitgleich.

„Eben“, erwiderte Koko. „Es ist plötzlich so still, dass man eine Stecknadel hören könnte. Ich wette“, Koko lauschte wieder, „ich wette, da tut sich etwas.“

In diesem Moment erlosch mit einem leisen Klacken die Neonröhre zu ihren Köpfen.

„Was zum …“

„Schschscht“, forderte Koko Jose auf, den Mund zu halten und flüsterte: „Ich glaube, es ist jetzt wichtig, dass wir uns ganz still verhalten. so, als ob wir gar nicht da wären. Vielleicht vergessen sie uns dann.“

Jose musterte Koko, oder, besser, versuchte in der Dunkelheit ihren Gesichtsausdruck zu erkennen, was ihm aber nicht gelang. Hätte Koko seinen Blick erkennen können, hätte sie gesehen, dass es ein Blick war, mit dem jene angesehen werden, die man für völlig verrückt hält. Der plötzlichen Finsternis folgte ein lauter Knall. Es klang wie eine kleine Detonation und schien vom Nebenraum zu kommen, also aus dem Lager, wo die Freunde mit ihrem kleinen Einbruch aufgeflogen waren. Dem Knall folgte ein hörbares Durcheinander. Draußen ging es jetzt hoch her. Die Freunde hörten Türen schlagen, Menschen riefen da draußen durcheinander und auf dem Gang vor ihrer Tür konnten sie nach weiteren knallenden Türen Leute vorbeilaufen hören. Dazwischen riefen Stimmen und die Freunde konnten laut und klar immer wieder den Ruf „Polizei“ und „Bleiben Sie stehen“ vernehmen. Offenbar hatte in diesem Moment die Polizei das Gebäude gestürmt. Vermutlich hatten sie den Strom abgestellt und den Rollladen zum Lager aufgesprengt. Was dann folgte, war das laute Knallen der Türen. Die laufenden Menschen waren, so vermuteten die Freunde, die Gauner auf der Flucht vor der das Büro stürmenden Polizei.

„Seht ihr“, flüsterte Koko triumphierend, „ich hab‘s euch ja gesagt, dass da etwas nicht stimmt. Das ist wie im Wald kurz vor einer Treibjagd. Man meint, den Wald verstummen zu hören, wie wenn er die bevorstehende Jagd ahnt und sich alle Tiere darin in einer kurzen Zeit der Stille auf die bevorstehenden Tumulte vorbereiten."

„Du meinst wie bei einer Welle, die sich am Strand bricht und bei der der flache Rücklauf der vorangegangene Welle die nächste unscheinbar, aber bestimmt ankündigt", untermauerte Elenie Kokos Beispiel mit einer anderen Analogie.

„Ja, und hört mal."

Die drei lauschten.

„Jetzt ist es wieder ruhig."

Tatsächlich war im Bürogebäude und der Lagerhalle wieder Ruhe eingekehrt.

„Ich denke, die Gauner sind jetzt dingfest und damit ist es an der Zeit, dass wir uns bemerkbar machen."

Elenie wollte widersprechen, sah aber ein, dass Koko Recht hatte. Doch ihrer aller Sorge war unbegründet. Jemand drehte den Schlüssel außen an ihrer Tür um und sperrte auf.

Pye und Roger

Mittlerweile hatten sich alle im Wohnzimmer versammelt. Roger hielt ungläubig das Telefon in der Hand und Großvater hatte in wenigen Worten Anna Maria und Selma die Situation erklärt: Sie wollten sich für Pye nach dem Wohlbefinden seiner Freunde erkundigen, doch ihr einziger nützlicher Kontakt verhielt sich am Telefon ausgesprochen eigenartig. Das beunruhigte insbesondere Roger, der seinen Vater natürlich gut kannte und aus dem Erlebten schloss, dass in Mexiko gerade etwas ziemlich Beunruhigendes vor sich ging. Selma schlug vor, Roger solle doch noch einmal anrufen, doch Pye erklärte ihr, dass sie genau das nicht machen sollten, weil dann beide sich gegenseitig anrufen würden, und das funktionierte ja bekanntlich nicht. Anna Maria wollte wissen, ob sie die Situation richtig verstand. Sie hatten mit Rogers Vater Kontakt aufgenommen, um sich nach den drei Freunden Pyes zu erkundigen.

„Und was ist, wenn sie das Telefon deines Vaters abhören? Wer weiß schon, wozu solch Regierungsbeamte in der Lage sind und wovor sie nicht zurückschrecken. Immerhin haben sie bis jetzt keine Zweifel daran gelassen, dass sie, sagen wir mal, gewisse Freiheiten in ihrem Tun haben, die normale Beamte nicht haben."

Roger wiegelte ab: „Wir haben extra ein prepaid-Telefon genommen. Um das abzuhören, müssten sie schon direkt am Gerät meines Vaters eine Wanze installieren. Sie wissen ja nicht, welche Nummer wir benutzen."

„Oder direkt an deinem Gerät!", präzisierte Pye.

Roger dachte kurz nach, dann nahm er sein Telefon in die andere Hand und mit wenigen Handgriffen hatte er es geöffnet. In der Innenseite kam die flache Batterie zum Vorschein. Roger entnahm die Batterie und suchte die beiden Innenseiten sorgfältig nach Fremdkörpern ab. „Zumindest kann ich nichts erkennen, was hier nicht sein sollte", beschied er nach seiner Beschau.

„Es wäre auch wunderlich, denn ich kann mich nicht erinnern, das Telefon jemals in fremde Hände gegeben zu haben."

Er legte die Batterie wieder ein, schob die vordere und die hintere Telefonhälfte zusammen und ließ die beiden Teile einrasten. Mit einem langen Druck auf die Einschalttaste schaltete er das Telefon wieder ein. Keine Sekunde zu früh, denn ehe er das Telefon noch aus der Hand auf den Tisch legen konnte, klingelte es. Es klingelte so unerwartet rasch nach dem Einschalten, dass es Roger fast auf den Unterlegerteppich gefallen wäre, auf dem der Couchtisch stand.

„Dad?" Es folgte eine halbe Sekunde Stille, bei der alle im Raum gespannt innehielten ob dem, was nun kam.

„Ja, Roger, es ist alles in Ordnung. Es ging nur gerade etwas turbulent zu."

„Wo um alles in der Welt steckst du?", wollte Roger wissen.

„Ich bin etwas außerhalb der Stadt, etwa 20 Meilen in der Wüste westlich davon."

„Du bist in der Wüste?", wiederholte Roger und konnte es fast nicht glauben, was er da hörte.

„Das ist kompliziert", begann sein Vater sich zu erklären. „Die drei Freunde von Pye haben mich angestiftet mit ihnen hier heraus in die Wüste zu fahren."

„Du bist mit seinen Freunden in die Wüste gefahren? Mitten in der Nacht?"

„Naja, sie wollten den Bürokomplex erkunden, in den sich die Regierungsbeamten zurückgezogen hatten. Aber stell dir vor, das ist gar keine Regierungseinheit. Das sind Kriminelle. Kriminelle, die für die Regierung schmutzige Arbeiten erledigen und nebenbei noch mit Drogen dealen."

Roger verstand kein Wort.

„Zumindest hat uns die Polizei das so erklärt."

„Welche Polizei, um Himmels willen?"

„Kein Grund, dich aufzuregen. Es hat hier in der Wüste einen Polizeieinsatz gegeben. Die Freunde hatten sich in den Bürokomplex geschlichen und sind dabei wohl aufgeflogen. Aber einer der drei konnte dank einer gewissen Samantha und einer Art Notfallplan Hilfe holen. Das waren die Jungs von der Polizei. Als die in das Gebäude einfielen, war der Spuk rasch vorbei. Die Gauner sind dingfest gemacht, die drei Freunde Pyes stehen hier bei mir, gemeinsam mit dieser Samantha und ich werde sie jetzt nach Hause bringen. Es geht allen gut, du kannst unbesorgt sein. Sie lassen Pye grüßen."

Im Hintergrund hörte Roger die Freunde Pye verschiedene Dinge in das Telefon rufen.

„Wir müssen jetzt Schluss machen, es ist hier draußen verdammt kalt geworden. Ich schlage vor, wir hören uns morgen", verabschiedete sich Señor Humbold von seinem Sohn. Zurück im Wohnzimmer blieben staunende Münder und ein kopfschüttelnder Roger.

Die schlaflose Nacht

Noch nie zuvor, trotz des ganzen Tumultes ihrer Flucht und auch sonst noch nie, hatte Pye so schlecht geschlafen wie in der letzten Nacht. So glücklich er auch war, dass es seinen Freunden gut ging, so sehr hätte er sich doch gewünscht, bei ihrem Abenteuer dabei zu sein. Besonders berührt war er, da seine Freunde das Abenteuer für ihn in Kauf genommen hatten. Abgesehen vom Abenteuer seiner Freunde brachte die neue Situation eine völlig neue Ausgangslage mit sich. Wenn Elenies Vater gar nicht zu einer Regierungseinheit gehörte, dann war ihre Flucht womöglich umsonst, dann könnten sie vielleicht sogar nach Hause zurückkehren. Doch was würde dann mit diesem Haus, mit Großvater und Roger passieren. Sie hatten auf eine Zukunft in diesem Land, in diesem Haus gesetzt und dann blieb natürlich noch die Frage nach dem Detektor. War dieser wirklich ein Gerät, das in Verbindung mit seinem Vater stand? Zeigte der Detektor tatsächlich so etwas wie einen Countdown an und was, wenn der Countdown gegen Null zulief? Pye hatte aus alle diesen Versatzstücken einen wilden Traum gebildet, der ihn immer und immer wieder aufwachen ließ. Die ganze Nacht über hatte er sich unruhig in seinem Bett gewälzt, war immer wieder kurz aufgewacht, um ebenso rasch wieder in den gleichen Traum zurückzukehren. Als er jetzt am Morgen aufwachte, musste er feststellen, dass die wilde Mixtur, die er geträumt hatte, in der Realität um nichts weniger kompliziert war. Seine Versatzstücke und Fragen, aus denen sich sein Traum zusammengesetzt hatte, lagen auch bei Sonnenaufgang noch genauso ungelöst vor ihm wie gestern. Wenn er Roger gestern richtig verstanden hatte, sollte es ihm heute möglich sein, mit seinen Freunden zu telefonieren. Dann konnte er wenigstens im Nachhinein an ihrem Abenteuer teilhaben und er konnte sich vergewissern, dass es ihnen gut ging.

Pye setzte sich in seinem Bett auf und schaute nach draußen. Wie an den Tagen zuvor lachte die Sonne von einem wolkenlosen Himmel durch sein Fenster ihm geradewegs ins Gesicht. Von unten hörte er die Stimmen von Anna Maria und Roger, aber er konnte nicht verstehen, worüber sie sich gerade unterhielten.

„Guten Morgen.“ Als Pye die Stiege herunter kam, verstummte das Gespräch zwischen Anna Maria und Roger. Er wusste, dass das normalerweise kein gutes Zeichen war, ließ sich aber nichts anmerken.

„Guten Morgen“, erwiderte Anna Maria und auch Roger wünschte ihm einen schönen Morgen.

Pye angelte sich aus dem Kühlschrank einen Stapel Pfannkuchen, etwas Ahornsaft und die Tüte mit dem Orangensaft. Die Spannung zwischen Anna Maria und Roger war offenbar zum Greifen. Pye setzte sich an den Frühstückstisch und ließ den Ahornsirup auf die Pfannkuchen tropfen. Anna Maria setzte sich neben ihn.

„Ich hab gestern das mit dem Detektor herausgefunden“, begann sie und ließ dabei Roger nicht aus den Augen. „Du weißt, dass Roger und Großvater glauben, eine Art Detektor zu haben, der auf wundersame Weise mit deinem Vater in Verbindung stehen könnte.“

Pye nickte, ohne sich von den Pfannkuchen abbringen zu lassen. „Ich weiß, hab ihn gesehen.“

Das erstaunte Anna Maria. Sie hätte nicht gedacht, dass Pye die Geschichte um den Detektor schon kannte. Der Blick, den sie Roger zugeworfen hatte, wurde noch finsterer. „Hör mal, Schatz“, und sie strich Pye über die Haare, „ich glaube, das ist ein famoser Humbug. Das Gerät, das die beiden da gefunden haben, könnte wer weiß was sein. Die Aktivitäten, die es in der letzten Zeit entwickelt hat, könnten auf wer weiß was hindeuten. Ich möchte nicht, dass die beiden dir mit einem Hirngespinst Hoffnungen machen, deinen Vater zu treffen und sich am Ende alles als Unfug herausstellt.“

Pye nickte, machte sich aber insgeheim seine eigenen Gedanken. Was auch immer mit dem Detektor einherging, Roger und sein Großvater hatten – und das hatte er selbst gesehen – einen enormen Aufwand betrieben. Sie glaubten offenbar sehr intensiv daran und dass Chavrez und seine Gaunerfreunde ihnen auf den Fersen waren, bestärkte Pye: Irgendetwas hatte es mit dem Detektor auf sich und wenn es vielleicht auch nichts mit seinem Vater zu tun haben mochte, so war es dennoch eine spannende Geschichte.

„Keine Sorge", beruhigte er Anna Maria und schob sich ein weiteres Stück der Pfannkuchen in den Mund.

Señor Humbolds Überraschung

Am meisten zeigte sich Señor Humbold von dem Telefongespräch überrascht. Er hatte keine Ahnung gehabt, dass sein Sohn Roger selbst nach den Artefakten rund um den Besuch von außerhalb gesucht hatte. Er dachte immer, sein Sohn hielt ihn wegen seiner Bilder am Dachboden für, naja, reichlich seltsam. Und jetzt stellte sich heraus, dass Roger sehr wohl an die Möglichkeit eines Besuches von außerhalb glaubte, ja mehr noch, offenbar hatte er, alleine oder gemeinsam mit Pyes Großvater, ein Gerät gefunden, dass diesen einstigen Besuch untermauerte. Warum um alles in der Welt hatte Roger nicht mit ihm über diese Sache und den Detektor gesprochen?

„Er wollte dass Sie mit dem Thema abschließen, dass Sie den Schmerz über den Verlust Ihrer Familie nicht immer und immer wieder fühlen müssen“, gab sich Koko altklug.

Offenbar hatte Humbold die letzten Gedanken zu Roger laut ausgesprochen. Er fand sich in der Runde der Freunde am Gartentisch wieder und bedauerte seine geistige Abwesenheit.

„Du hast recht, Koko. Roger wollte anscheinend nur das Beste für mich. Es muss furchtbar für ihn gewesen sein, wie ich mich in die Sache verbissen hatte.“

„Gewesen sein?“, repetierte Koko mit fragendem Unterton.

„Im Grunde hat Roger recht. Es bringt nichts, an der Vergangenheit festzuhalten. Es ist besser, diese zu akzeptieren, denn ändern kann man ohnedies nichts mehr. Wenn das mit dem Detektor stimmt und er tatsächlich eine Art Vorwarnsystem ist, dann sollten wir uns auf diese Möglichkeit konzentrieren.“

„Aber der Detektor ist mit Pye und Ihrem Sohn in Amerika, das ist ziemlich weit weg“, gab Jose zu bedenken.

Humbold nickte. Er wusste, dass das weit weg war, aber er gab den Freunden zu überlegen: „Wenn es stimmt, ihr merkt, das ist nur eine theoretische Annahme, also wenn es stimmt, dass der Detektor die Wiederkunft von etwas ankündigt“, Humbold deutet mit einer großen Geste auf den Himmel, „wenn etwas von dort draußen zu uns kommt, was schon vor einiger Zeit einmal hier war, oder vielleicht schon öfter, und dieses etwas ist hier bei uns in der Gegend gelandet und hat bei uns her in der Gegend auch diesen ominösen Detektor zurückgelassen, dann glaube ich, dass das nur eines bedeuten kann."

Die Freunde starrten Humbold an, der sie nicht nur mit der großen Geste, sondern auch mit theatralischer Stimme in den Bann gezogen hatte. Sie erwarteten, dass er in seiner Ausführung das anführte, worauf er eigentlich hinauswollte, doch er machte keine Anstalten weiterzureden.

„Was meinen Sie?", fragte Koko in die Erwartungsstille der Gartenrunde. Humbold dachte, er hätte die logische Konsequenz all dieser Indizien deutlich genug dargestellt, schien sich aber zu irren. „Naja", begann er darob seinen Gedankengang auch zu Ende zu spinnen.„Wenn sie schon mal hier in unserer Gegend gewesen sind, wenn sie hier in der Gegend eigens etwas zurück gelassen haben, dann würde ich annehmen, dass sie auch in genau diese Gegend wieder zurückkehren."

Die Freunde stimmten zu, das hörte sich logisch an.

„Nur wenn sie den Detektor zurückgelassen haben, dann doch nicht einfach so. Dann muss es mindestens einen bei uns geben, der die Bedeutung des Detektors kennt, einen, für den sie den Detektor zurückgelassen haben, denn was macht er sonst für einen Sinn?" Kokos Schlussfolgerung war stichhaltig.

Humbold nickte. „Einer oder auch eine bei uns muss ganz genau wissen, was das für ein Gerät ist und auch was es bedeutet", unterstrich Humbold Kokos Gedanken.

„Sie meinen, dass jemand auf die Wiederkehr der externen Besucher geradezu wartet?" Elenie wirkte überrascht. „Dann hätte der oder die längst gewusst, dass es externe Besucher gab und auch, dass sie eines Tages wiederkommen würden?"

Jose starrte die Bilder von Humbolds Familie an, dabei schien ihm ein bestimmter Gedanke durch den Kopf zu gehen. „Wenn es jemanden gibt, der auf die Wiederkehr von diesen Besuchern wartet“, begann Jose seine Gedanken in Worte zu fassen, „dann ist das wohl jemand, zu dem die Besucher eine bestimmte Beziehung haben oder hatten. Wenn die Geschichte um Pyes Herkunft auch nur ansatzweise stimmt, dann gibt es nur eine Person, die ganz genau weiß, was dieser Detektor bedeutet und die auch ganz genau weiß, worauf die Zeichenabfolge darauf hindeutet.“

Als ob alle zugleich eine Erkenntnis gehabt hätten, schoss es wie aus einem Mund: „Anna Maria.“

Anna Marias Geheimnis

Schon damals, als Anna Maria den Detektor von Pyes Vater erhielt, waren ihre Gefühle zwiegespalten. Ja, natürlich sehnte sie sich nach der Rückkehr von Pyes Vater und der Detektor sollte ihr genau das anzeigen und mit der Rückkehr die Einlösung jenes Versprechens ankündigen, das Pyes Vater Anna Maria gegeben hatte: Sie würden auf die Erde zurückkehren. Und zugleich wusste Anna Maria schon damals, dass ihr und Pyes Schicksal untrennbar mit dem Detektor verbunden war. Schon kurz nach der Abreise von Pyes Vater in dessen ferne Heimat überkamen sie Zweifel. Sie haderte sogar, auch das gestand sie sich ein, ob ihre Liebe zu Pyes Vater echt gewesen war. Wie konnte sie schon beurteilen, wozu diese Fremden fähig waren? Vielleicht konnten sie auf unerklärliche Weise ihre Gedankenwelt, ihre Gefühle beeinflussen, vielleicht war sie aus diesem Gesichtspunkt so etwas wie ein Experiment der Fremden. Einige Zeit war Anna Maria von diesem Gedanken hin und her gerissen. Mit der Geburt Pyes wurde das schlagartig anders. Sie war sich auf einmal gewiss, dass es unbeeinflusste Liebe war, die sie zu Pyes Vater hingezogen hatte, und mit der gleichen Gewissheit spürte sie dessen Erwiderung. Pyes Vater war so menschlich, so einfühlsam und doch auf eine ganz besondere Art so anders. Wenn sie Pyes Vater beschreiben sollte, dann würde sie das heute noch mit diesen Worten tun: Er schein schlicht zu gut für diese Welt zu sein. Mochte es an den Dingen liegen, die er über die Grenzen des menschlichen Verstandes hinaus gesehen hatte und wusste, oder vielleicht war es einfach die besondere Art dieser Wesen. So ähnlich sie den Menschen waren, so unergründlich reichhaltig war ihre Güte und ihr Verständnis. Anna Maria konnte das spüren und sie durfte das mit Pyes Vater erleben. Er hatte versprochen, zurückzukehren, und sie hatte keine Sekunde an seinen Worten gezweifelt. Diesen Besuchern, davon war Anna Maria überzeugt, lag nichts ferner, als haltlose Versprechen zu geben, das passte schlicht nicht zu ihrem Wesen, wie es Anna Maria erfahren durfte. Der Detektor sollte sie rechtzeitig vor der Rückkehr von Pyes Vater erinnern, sollte sicherstellen, dass sie sich nicht verpassten. In den ersten Monaten nach der Abreise von Pyes Vater, als die Zweifel ob dem Erlebten bei Anna Maria groß waren, hatte sie den Detektor zu Hause versteckt und keines Blickes gewürdigt. Mit der Geburt Pyes wurde das anders. Vielleicht trieb sie die Liebe nach seinem Vater, vielleicht war es der Wunsch Pye seinen Vater näher zu bringen. Anna Maria wusste nicht genau, warum, aber der Detektor war Teil ihres Alltages geworden. Aber als Pye zwei Jahre alt wurde und mit Beginn der Kindergartenzeit zum ersten Mal Pyes Andersartigkeit Thema wurde, begann Anna Maria, den Detektor und mit ihm Pyes Vater und nicht zuletzt sich selbst zu verfluchen. Mit einem Mal hielt sie Pyes Vater für einen Traum, eine verklärende Erinnerung an ein Ereignis, das so gar nicht stattgefunden haben konnte. Anna Maria begann an ihrem Verstand zu zweifeln. Besucher aus dem Weltall, welch unglaubliches Hirngespinst und Pyes Kopfform, das war wohl nichts weiter als eine kleine Laune der Natur, eine Abweichung von der Norm. Nichts Außergewöhnliches, vielleicht gewöhnungsbedürftig, aber im Großen und Ganzen nicht dramatisch. Anna Maria wollte Pye auch nicht dem Gespött der anderen Kinder aussetzen und begann über Pyes Vater zu schweigen. Niemals mehr erwähnte sie die Geschichte von Pyes Herkunft und auch den Detektor, das einzig glaubhafte Relikt des Besuchers, verbannte sie in den hintersten Winkel ihres Hauses. Aus den Augen, aus dem Sinn. Ihr Vater und zu deren Lebzeiten auch ihre Mutter hatten ihr stets versucht einzureden, dass sie sich Pyes Vater nur zusammenfantasierte, und irgendwann war es soweit, dass Anna Maria genau das auch selbst glaubte. Der Detektor war nicht nur aus den Augen und aus dem Sinn, er war schlichtweg vergessen.

Und dann passierte etwas Eigenartiges. Der Detektor war nicht nur aus den Augen und aus dem Sinn, er war schlichtweg weg. Anna Maria dachte an einen Einbruch bei ihr zuhause, an eineb Diebstahl, aber so weit sie feststellen konnte, fehlte nichts, außer dem besagten. Anna Maria fürchtete, dass damit die Geschichte noch nicht zu Ende sein würde, sie wusste, dass dieser Detektor ihren Weg noch einmal kreuzen würde, aber sie war andererseits auch froh, dass dieses Ding aus ihrem Leben verschwunden war. Ihr Leben hatte in normalen Bahnen zurückgefunden. Pye wurde älter, wechselte vom Kindergarten in die Schule und sein Äußeres wurde ohne Weiteres von seinen Mitschülern akzeptiert. Schließlich hatten sich die Besonderheiten seines Kopfes auch mehr oder weniger ausgewachsen oder wurden von seinen dichten Haaren soweit kaschiert, dass außer der Augen kein fremder Einfluss erkenntlich war. Und die Augen, die konnte er schließlich auch von einem chinesisch stämmigen Vater oder einem Mongolen geerbt haben, das hinterfragte niemand.

Pye, Roger und Großvater spüren etwas

Das, was Señor. Humbold und die Freunde weitab in Mexiko vermuteten, war, was Roger und Großvater spürten, als Anna Maria sich in das Gespräch rund um den Detektor einbrachte. Anna Maria war es unangenehm, wenn die Sprache auf den Detektor kam und dieses unangenehme Gefühl gründete sich nicht, wie sie vorgab, darauf, in Pye oder auch in sich selbst unerfüllbare Erwartungen zu wecken. Roger spürte ganz genau, dass da mehr war und als Großvater und Selma zurückkamen und sich zu Pye, Anna Maria und Roger in die Wohnküche gesellten, merkte auch Großvater rasch, dass Anna Maria mit etwas hinter dem Berg hielt. Er war seinerzeit dabei gewesen, als Anna Maria den Kontakt hatte, vor ihm suchte sie seinerzeit ihre Beziehung zu verbergen, bis ein Treffen unausweichlich wurde. Für ihn hatte sie abenteuerliche Geschichten und Ausreden, Erklärungen und eigenartige Zufälle erfunden, um Großvater nur ja so wenig wie möglich über die Besucher wahrnehmen zu lassen. Großvater wäre der letzte gewesen, dem sie von der Existenz des Detektors erzählt hätte, und doch musste er irgendwie Wind von dem Gerät bekommen haben. Oder Roger hat es bei dem Entrümpeln des Dachbodens gefunden und war schon soweit in Humbolds fanatische Suche nach den außerirdischen Besuchern eingebunden, dass er in dem Gerät eine Hinterlassenschaft der Besucher erkannte. Egal, wie es auch in den Besitz der beiden gekommen war, jetzt war das Gerät da, jetzt kündigte das Gerät etwas Nahendes an und Anna Maria war zwischen Neugierde und Verzweiflung hin und her gerissen. Kündigte das Gerät tatsächlich die Rückkehr der Besucher an oder kündigten die Zeichen schlicht nur das Ende der Energie in dem Detektor an, wie moderne rote LEDs immer schwächer werdenden Strom als Warnung ankündigten? Zugleich wollte Anna Maria das, was sich da anbahnte, nicht mehr an sich heranlassen. Bis vor wenigen Tagen hatte sie das Kapitel um Pyes Vater für abgeschlossen gehalten, sie hatte ihr Leben zu ihrer Zufriedenheit geordnet und es geschafft, Pye ein ordentliches Zuhause zu bieten.

„Was ist los?“, meinte Großvater. „Es sieht fast so aus, als ob du diesen Detektor fürchtest. schließlich haben sie ihn dir hinterlassen.“ Also wusste er, woher der Detektor stammte. „Solltest du nicht neugierig sein, was da gerade vorgeht. Kann es nicht sein, dass sie tatsächlich wiederkommen?“

Roger nickte stumm. Der ganzen Geschichte stand Selma am fernsten und doch schien sie in diesem Augenblick Anna Maria am besten zu verstehen. Vielleicht lag es daran, dass sie eine Frau war, vielleicht lag es aber auch an genau dem Abstand zu die er ganzen Sache. „Vielleicht ist es ja genau das, was ihr Angst macht?“

„Angst, dass mein Vater zurückkommt?“ Pye sah die Sache ganz pragmatisch. „Wenn es denn stimmt, dass der Detektor die Rückkehr meins Vater anzeigt, dann solltest du dich doch freuen?“, meinte er zu Anna Maria.

Anna Maria seufzte. „Zum einen weiß ich wirklich nicht, wie die Signale diese Gerätes zu deuten sind. Ja, sie haben damals dieses Gerät hier gelassen. Offenbar dachten sie, das dieses Gerät so einfach sei, dass es dazu keiner Erklärung bedarf. Zum anderen ist es genau das, was ich fürchte. Wenn das Gerät wirklich die Rückkehr deines Vaters ankündigt, dann ist das wahrlich ein Grund sich zu freuen, aber du darfst nicht vergessen, dass er nur in unseren Augen dein Vater ist. In den Augen all der anderen Menschen ist er primär ein Wesen von da draußen, von irgendwo aus den fernen Weiten des Weltalls. Das wird die Welt ganz sicher nicht mir nichts dir nichts zur Tagesordnung übergehen lassen.“ Anna Maria pausierte. „Sie werden ihn suchen, sie werden sie jagen. Sie werden sich fürchten und sie werden alles daran setzen, diesen Kontakt zu ihrem Vorteil nutzen zu können. Die ganze Geschichte wird sich wiederholen.“ Anna Maria vergrub ihre Hände in den aufgestützten Armen.

„Sie hat recht“, pflichtete Roger ihr bei. Wenn sie zurückkehren und Außenstehende werden dessen gewahr, wird das die Grundfesten der Weltordnung erschüttern.“

Pye verstand nicht ganz, schließlich war nichts dergleichen bei ihrem letzten Besuch passiert und das war gerademal elf Jahre her.

„Du hast recht, Pye, aber schon damals war es für deine Mutter nicht gerade leicht, all die Neugierigen mit Geschichten und sicher auch Lügen …“

„Notlügen“, unterbrach ihn Anna Maria.

„… sicher auch Notlügen über die Ereignisse außerhalb eures Ortes abzuwimmeln. Zu einem Großteil haben die Besucher damals selbst dafür gesorgt, nicht aufzufallen, aber wie du siehst, ist ihnen das nur zum Teil gelungen.“

Roger spielte auf sie selbst, Chavrez und die Freunde und auf Pye an.

„Dann müssen sie eben wieder heimlich kommen, in der Nacht oder in der Wüste“, schlug Pye vor.

Anna Maria nickte. „Das klingt so herrlich einfach.“ Eine Träne lief ihr über die linke Wange.

Selma ist praktisch veranlagt

Während Anna Maria mit sich rang, ob und wie viel sie bereit war, Roger und Großvater mit dem Detektor zu helfen, entpuppte sich Selma als Königin des Praktischen. Bei all dem, was Selma bisher miterlebt hatte, schien sie sich in der Rolle der passiven späteren, vielleicht auch noch nicht so zur Familie gehörenden Zweitfrau Großvaters zu sehen. Umso mehr überraschte sie Roger, Anna Maria, Pye und Großvater mit ihrem Vorschlag:

„Wenn es für die Besucher so gefährlich ist, uns auf der Erde zu besuchen, dann gibt es hierzu genau zwei Dinge zu sagen."

Alle Augen richteten sich auf Selma, die sich bereitbeinig in dem Übergang zwischen Küche und Wohnzimmer aufgebaut hatte, was bei einer so zierlichen Dame wie Selma höchst eigentümlich aussah. Aber Selma ließ sich von den auf sie gerichteten Augen nicht irritieren, im Gegenteil, sie schien sich ihres Kommentares sehr sicher. „Erstens, sagt uns, dass, wenn sie wiederkommen und dies für sie mit der Gefahr des entdeckt werdens einhergeht, dass zumindest einem der Besucher mehr als nur irgendwas daran lag, dieses Risiko einzugehen. Das sagt uns, Schätzchen", und sie richtete sich an Anna Maria, „das da mehr war oder ist als nur eine Nacht irgendwo nahe einem kleinen Ort in Mexiko. Und es sagt uns, dass", diesmal adressierte Selma Pye, „dein Vater bereit ist, ein gewaltiges Risiko einzugehen, nur um dich kennenzulernen." Selma pausierte, aber sie ließ keinen Zweifel daran, dass das noch nicht alles war, was sie zu sagen hatte. „Und zweitens sagt uns das, dass es an uns liegt, diesen Besuchern bestmöglich zu helfen. Pye hatte zuerst ganz recht. Wir sollten ihnen sagen, wo und wann sie am gefahrlosesten landen können. Die Wüste ist schon mal ein guter Ansatz."

Selma schmunzelte.

„Und in der Nacht", ergänzte Pye, für den solche Dinge ohnedies logisch schienen.

Anna Maria hielt sich zurück. „Beim Landen helfen“, murmelte sie: „Dazu müssten wir das Gerät besser verstehen, dazu müssten wir mit ihnen Kontakt aufnehmen können und sie anleiten“, sinnierte Anna Maria und wunderte sich, dass sie selbst in den ersten Jahren, wo der Detektor noch bei ihr versteckt war, niemals auf die Idee gekommen war, mithilfe des Detektors zu versuchen, Kontakt aufzunehmen. „Ich könnte nicht einmal sagen“, stotterte sie, „ob es mithilfe dieses Gerätes möglich wäre, Kontakt herzustellen.“

Roger und Großvater tauschten Blicke aus. „Wir glauben, dass das Gerät wie ein Funkgerät funktioniert“, sagte Roger. „Es nimmt die Wellen der Besucher auf und deshalb intensivieren sich die Signale in gelichbleibendem Abstand.“

Roger ermunterte Großvater fortzufahren.

„Aber wir glauben auch, dass für die volle Funktionalität des Gerätes etwas fehlt. So etwas wie eine Art Schlüssel. Es gibt an der Vorderseite so etwas wie eine Einkerbung, ein Schlüsselloch, wenn ihr so wollt, und wir glauben, dass das Gerät seine volle Funktionalität erst entfaltet, wenn wir dort hinein diesen Schlüssel stecken.“ Großvater formte mit der Hand ein etwa zündholzschachtelgroßes Loch. „Etwa so groß. Wenn wir wüssten, was da hineingehört …“

„Oder es hätten“, unterbrach ihn Roger.

„Dann sollte das Gerät wie ein Funkgerät funktionieren.“

Als Großvater die Größe des fehlenden Objektes zeigte, schienen Pye und Anna Maria den gleichen Gedanken zu haben. Pye wollte schon losplaudern, da sah er, wie Anna Maria unmerklich den Kopf schüttelte, und er schluckte seine Wortmeldung hinunter. Er wusste, von welchem Teil Großvater und Roger sprachen. Er wusste, dass Anna Maria es auch wusste, und er hatte verstanden, dass seine Mutter nicht wollte, dass er dieses Teil Roger und Großvater in die Hände spielte.

Mutter und Sohn

„Warum wolltest du vorhin nicht, dass ich Großvater und Roger von dem Anhänger erzähle?“ Als Pye und Anna Maria alleine im Wohnzimmer waren und sich unbeobachtet fühlten, stellte Pye Anna Maria zur Rede. Diese zuckte die Schultern. „Das kann ich schwer begründen. Es ist nur so ein Gefühl und ich glaube, das auszusprechen, würden uns Großvater und auch Roger übel nehmen. Nach alledem, was sie für uns getan haben.“

Pye setzte sich ganz nahe zu Anna Maria auf die seitliche Lehne des Wohnzimmersofas. „Sie haben uns vor Chavrez gerettet“, zählte Pye auf.

„Das stimmt“, erwiderte Anna Maria. „Und sie haben uns hier eine Zukunft aufgebaut.“

„Die wir jetzt, wo Chavrez hinter Gittern sitzt und klar wurde, dass er gar nicht für die mexikanische Regierung arbeitet, so gar nicht mehr benötigen.“

Anna Maria strich Pye die Haare aus der Stirn. „Schätzchen, es sieht vielmehr so aus, als ob es uns jetzt jederzeit möglich wäre, nach Hause zurückzukehren.“

„Zu meinen Freunden“, fügte Pye an.

„Und in unser altes Leben. Das ist es gerade, was mich stutzig macht. Roger und Großvater haben mit großen Mühen all das hier aufbereitet.“

„Sie wollen uns helfen“, argumentierte Pye.

„Mir kommt das Ganze vor wie ein Theaterstück.“ Anna Maria hatte begonnen zu flüstern. „Zuerst entkommen wir mit Hilfe der beiden Chavrez und seinen Leuten, wir schaffen unbehelligt die Flucht über die Grenze und sie präsentieren uns dieses wunderschöne Haus als unser neues Zuhause. Dabei haben sie selbst größtes Interesse an der Begegnung. Denk nur an den Detektor. Den hatten sie die ganze Zeit schon und sie wussten, dass ihnen offenbar ein Teil fehlt, um ihn vollständig in Betrieb zu nehmen.

Du kennst meine Distanz zu Großvater, er hat sich damals bei dem Besuch deines Vaters alles andere als hilfreich und verständnisvoll gegeben und Roger, Roger kennen wir gerademal einige Wochen. Ein eigenartiger Zufall, dass jetzt, wo wir uns in Sicherheit wähnen, die eigentliche Bedrohung zu Hause wie ein Kartenhaus zusammenbricht." Anna Maria wartete, bis Selma, die das Wohnzimmer durchkreuzt hatte, wieder auf der Terrasse verschwunden war, um weiter zu flüstern: „Vielleicht ist das alles nur Zufall oder es ist ein abgekartetes Spiel, um uns in Sicherheit zu wiegen. Ich zweifle nicht daran, dass uns weder Roger noch Großvater etwas antun würden, aber ich glaube, dass beide nicht ihr wahres Gesicht zeigen. Wir beide, mein Schatz, wir beide sind nur so etwas wie Marionetten in ihrem Spiel. Sie wollen uns glauben machen, dass sie auf unserer Seite sind, und bis zu einem gewissen Grad sind sie das sicher auch. Aber vielleicht wollten sie mit ihrer Hilfe nur sicherstellen, dass niemand anderer an den möglichen Kontakt herankommt, vielleicht waren wir nur Mittel zum Zweck."

„Aber es ist Großvater", zischte Pye protestierend.

„Ja, und deshalb bin ich mir auch sicher, dass sie uns nichts Böses wollen. Aber das eine schließt das andere nicht aus. Ich denke, sie sind hinter dem Kontakt her, Roger wegen seines Vaters und bei Großvater bin ich mir noch nicht sicher, um was es ihm geht. Entweder sieht er sich als Entdecker, als Mann, der in die Geschichte eingeht, weil er die Besucher dingfest gemacht hat oder zumindest den Kontakt hergestellt hat, oder es ist seine Form der Vergeltung dafür, dass dein Vater mich und ihn so entfremdet hat."

„Ich dachte, Roger hält die Avancen von Mr. Humbold für eine Spinnerei."

„Ja, für eine Spinnerei mit der, wenn etwas Wahres daran ist, man sicherlich für den Rest seines Lebens ausgesorgt hat. Denk an die Medien. Wer auch immer diesen Kontakt einfädelt, wer auch immer den Medien Beweise liefert für ein Leben da draußen, der kann sich als gemachter Mann sehen."

„Und die Weltordnung?" Pye bewies wieder einmal seine Praxisnähe.

„Ich glaube nicht, dass Roger oder Großvater angesichts dieser Lockung allzu ernsthaft an die Weltordnung denken."

Anna Maria hatte Pye Schätzchen genannt. Das war lange her, das sie das zu ihm gesagt hatte, und Pye wusste, was das bedeutete: Jetzt zählte Anna Maria auf ihn.

In Humbolds Haus

Am nächsten Morgen trafen sich Jose, Elenie, Koko und sogar Samantha in Señor Humbolds Haus. Es war schließlich Samstag und sie hatten keine Schule und was Samanthas Job bei Joses Onkel anging, so stand in den Sternen, wann Joses Onkel wieder aus dem Polizeigewahrsam entlassen werden würde. Zumindest stand noch nicht fest, ob die Männer, Chavrez und Joses Onkel, als Drahtzieher für Drogenhandel angeklagt werden würden oder ob Elenies Vater tatsächlich über so gute Verbindungen zur Regierung verfügte, dass sie mit einem blauen Auge davonkommen würden. Dann würden die Drogen nur als Tarnung für seine Regierungsgeschäfte gedient haben. Den Freunden war das egal.

Humbold empfing sie auf seiner Terrasse, nicht ohne zuvor ihre Arbeit im Garten ausführlich gelobt zu haben. Elenie, obwohl sie nebenan wohnte, hatte sich verspätet. Sie hatte bis spät in der Nacht mit ihrer Mutter über ihren Vater diskutiert. Was die beiden dabei zu diskutieren hatten, wollte Elenie nicht sagen und weil die anderen Elenies Zwiespalt verstehen konnten, nahmen sie auf Elenie besonders Rücksicht. Weder Humbold noch Samantha sprachen die eigentliche Ursache für ihr Abenteuer an, im Grunde waren alle froh, dass nichts Schlimmeres passiert war. Selbst Koko, die sonst immer unbedacht Dinge ausplauderte und vorlaut war, hielt sich zurück. Wenngleich ihrer Meinung nach die Enttarnung der Männer nichts über ihren ursprünglichen Auftrag aussagte. Koko blieb dabei, dass diese Männer es auf Pye abgesehen hatten, egal ob im Auftrag der Regierung oder auf eigene Rechnung. Sie waren hinter Pye und den Freunden her gewesen und dass sie jetzt für einige Zeit aus dem Verkehr gezogen waren, entspannte zwar die Situation, brachte sie aber bei ihrer Suche keinen Schritt weiter. So froh sie waren, als die Polizeibeamte den Schlüssel zu dem Abstellraum drehte und sie aus ihrem Gefängnis befreite, so wenig begeistert war zumindest Koko, als die Polizei sie und die Freunde sogleich in einen ihrer Wagen befahl, ohne ihnen die Chance zu geben, sich in dem Bürogebäude näher umzusehen. Dergestalt verbuchte Koko den guten Ausgang des Abenteuers als Reinfall, aber das ließ sie sich im Moment nicht anmerken.

„Setzt euch doch“, komplimentierte Señor Humbold die Freunde an den Gartentisch auf der großen Terrasse. „Ich habe wie immer Saft für euch vorbereitet und heute früh morgens Kekse nach dem Rezept meiner Frau gebacken. Irgendwie glaube ich, dass sie euch in ihr Herz geschlossen hätte.“

Humbold goss jedem der Freunde das Glas voller Saft und balancierte aus der Küche ein buntes Tablett mit duftenden Keksen, die noch handwarm waren. Er stellte das Tablett in die Mitte des Gartentisches. Dann zog er sein Handy aus der Gesäßtasche, legte es vor sich auf den Gartentisch und setzte sich zu den Freunden. „Ich glaube, nach der gestrigen Aufregung ist es an der Zeit, reinen Tisch zu machen. Samantha, ich weiß nicht, inwieweit du bisher eingebunden warst, aber jetzt ist der Zeitpunkt, uns alle auf den gleichen Stand zu bringen.“

Humbold fasste für alle die vergangene Tage zusammen. Dabei begann er mit seiner Erzählung bei den gesammelten Notizen und Bildern über seiner Garage, bei dem Unfall seiner Familie, spannte den Bogen über Anna Marias Beziehung zu Pyes Vater, um am Ende das große Fragezeichen in den Raum zu stellen, ob Pye der Sohn eines externen Besuchers der Erde, wie er es nannte, sein konnte. Samantha erzählte den Freunden und Humbold von den Bildern aus der alten Kamera und was sie zeigten und nachdem auch Jose, Elenie und Koko ihren Wissensstand dargelegt hatten spitzte sich die Frage unausweichlich auf Pye zu. War er der Sohn eines externen Besuchers und damit verständlicherweise das Objekt der Begierde für die Regierung oder für Chavrez, für Roger und Humbold selbst, der nach den Verursachern des Unfalls suchte, bei dem seine Familie so tragisch verunglückte? Nachdem sich alle ausgetauscht hatten, nahm Mr. Humbold das Telefon und bot an, seinen Sohn Roger anzurufen. Es wäre schließlich nicht uninteressant zu hören, was Roger, Anna Maria oder Pye selbst zu dieser Frage zu sagen hätten. Mr. Humbold wählte die Nummer und schaltete das Telefon auf laut, sodass alle das Klingeln hören konnten.

Über den Detektor

Das Telefon läutete und Roger nahm ab. „Guten Morgen, wir haben euren Anruf schon erwartet“, zwinkerte Roger Pye zu. „Geht es euch allen gut?“

Roger schaltete das Telefon auf laut, sodass Anna Maria und Pye ebenfalls mithören konnten. Dann stellte er es senkrecht in die Mitte des Küchentisches.

„Wer ist da alles bei euch?“

„Bei mir sind Jose, Elenie, Koko, Samantha und nun ja ich selbst. Wir sitzen im Garten an einer prächtig gestutzten Auffahrt bei Saft und frischen Keksen“, antwortete Humbold.

„Wir sind gerade beim Frühstück, Pye hat etwas länger geschlafen“, erwiderte Roger und zwinkerte Pye auffordernd zu. Pye begrüßte seine Freunde und schnell war klar, dass es allen gut ging. Dann nahm Señor Humbold wieder das Gespräch in die Hand. Die Freunde bewunderten, mit welcher Leichtigkeit er das Gesprächsthema vorsichtig, aber doch klar auf die offenen Fragen fokussierte. Roger bestätigte, dass auch sie die Vermutung hatten, mit Pyes Herkunft verknüpften sich außergewöhnliche Umstände, wie es Roger umständlich formulierte. Nachdem Roger keine Anstalten machte, von der Existenz des Detektors zu erzählen, ergriff Pye die initiative: „Wir oder besser Roger und mein Großvater haben einen Detektor gefunden. Ein Gerät über dessen Funktionsweise sie nicht allzu viel wissen, aber sie sind überzeugt, dass es sich um eine Art Kommunikationsgerät, eben einen Detektor, handelt, der irgendwie Kontakt zu meinem Vater hat.“ Pye nahm einen großen Schluck von dem Orangensaft, während Anna Maria sich in das Gespräch einmischte: „Aber das ist nur Unfug, maximal eine Vermutung, die sich bislang durch nichts untermauern lässt“ entkräftete Anna Maria die Hoffnungen sogleich wieder.

„Untermauern lässt sich das nicht, aber fest steht, dass wir nichts über das Gerät wissen, wir kennen seinen Ursprung nicht,

nicht seinen Zweck und es sieht verdammt nach etwas von außerhalb aus. Zudem hat es in den letzten Wochen begonnen, Lebenszeichen von sich zu geben."

„Lebenszeichen?" Koko hatte schon wieder Feuer gefangen. „Was für Lebenszeichen?"

„Naja, es gibt in immer kürzer werdenden Abständen Signale ab. Wie wussten zuerst nicht, worauf das hinauslaufen würde, schließlich waren es zuerst nur alle paar Wochen ein Signal. Doch seit geraumer Zeit sind die Abstände zwischen den Signalen merklich kürzer geworden."

„Wie bei einem Countdown", hörte man Koko leise murmeln.

„Ja, wie bei einem Countdown. Wir haben irgendwann begonnen die Signale aufzuzeichnen und nach unseren jüngsten Beobachtungen sind die Abstände der Signale gleichmäßig kürzer geworden. Das würde einem Countdown entsprechen. Einem Countdown über eine ganz lange Zeit hinweg", erklärte Roger.

„Oder einem normalen Countdown, wenn du die Zeit als wesentlich langsamer empfindest, als das wir tun." Pye erinnerte sich an die Erzählung Anna Marias und das langsame Zeitempfinden und Altern, von dem sie ihm dabei erzählt hatte.

„Wenn die Signale gleichmäßig in kürzeren Abständen kommen, dann lässt sich doch das Ende des Countdowns vorausberechnen", meinte Koko.

„Ja", bestätigte Roger, „das haben wir versucht. Zumindest annähernd können wir sagen, wann etwa der Countdown auf Null stehen würde, zumindest wenn er sich wie bisher fortsetzt."

„Aber?" Rogers Tonfall in der Antwort war deutlich zu entnehmen, dass es einen Haken geben musste.

Anna Maria mischte sich wieder ein. „Selbst wenn der Countdown auf Null berechenbar ist, und ich betone, dass dies ja nur funktioniert, wenn er die Geschwindigkeit wie bisher beibehält, so ändert das gar nichts an der Frage, für welchen Ort der Countdown auf Null zählt. Die entscheidende Frage ist dann wohl, was wird, wenn überhaupt, bei Null passieren und vor allem, wo wird etwas passieren."

Hilfe der Freunde

Anna Maria hatte sich Rogers Handy unter dem Vorwand, Pye wolle ausführlich und in Ruhe mit seinen Freunden über die Ereignisse der letzten Tage sprechen, ausgeborgt. Señor Humbold nahm den Anruf entgegen. Gerade noch rechtzeitig, denn die Freunde waren schon am Weg, sich von dem alten Mann zu verabschieden.

„Jose, ein Anruf für dich, es ist Pye", rief Humbold Jose die Auffahrt hinunter nach und winkte wie zur Bestätigung mit dem Handy in der Hand in der Luft.

Jose legte sein Rad zur Seite und machte kehrt. „Hallo?"

„Es ist jetzt ganz wichtig, dass du keine Fragen stellst", beschwor ihn Pye mit betont düsterer Stimme. Zuerst wollte Jose das als Scherz abtun, begriff aber bald, dass es Pye ernst war, nicht mit der düsteren Stimme, sondern damit dass Jose darauf achten sollte, außer Hörweite von Humbold zu sein.

„Danke, Señor Humbold, ich setzte mich dort unten auf die Steinmauer, ich denke, das dauert jetzt länger."

Mit diesen Worten ließ Jose Humbold bei der Terrasse oben stehen und lief die Auffahrt zurück hinunter zu seinem Rad und einige wenige Meter weiter, um sich auf die nieder Mauer links der Auffahrt zu setzen. Koko und Elenie rief er nach, sie sollten warten. Also machten die drei ebenfalls kehrt und kamen zurück zu Jose.

„Es ist Pye", bestätigte dieser und vergewisserte sich, ob Humbold nach wie vor an der Terrasse und damit außer Hörweite war.

„Wir sind quasi unter uns", gab Jose Pye zu verstehen, dass niemand außer den Freuden hören konnte, was Pye ihnen zu sagen hatte. Und das, was Pye ihnen zu sagen hatte, war nicht von schlechten Eltern. In kurzen Sätzen hatten Pye die gesamte Geschichte zusammengefasst: Sein Vater war allem Anschein nach tatsächlich ein Alien, und zwar ein Alien, das sich anschickte, auf einen Besuch zurückzukommen. Diese mögliche Rückkehr hatte sowohl Chavrez‘ Interesse, als auch das Interesse von Roger und seinem Großvater geweckt. Pye ließ sich nicht darauf ein, die Motive darzustellen. Aber er machte seinen Freunden verständlich, dass seiner Meinung nach weder die einen noch die anderen von dem Besuch etwas mitzubekommen hatten. Und deshalb brauchte er ihre Hilfe.

„Was können wir tun?“, wollte Jose wissen.

„Bei dem Detektor fehlt wohl ein Teil. Er funktioniert deshalb nicht ganz. So, wie er zur Zeit funktioniert, zeigt er zwar an, dass sie wiederkommen, aber es gibt keine Möglichkeit herauszufinden, wo das sein wird, und selbst das Wann lässt sich schwer abschätzen.“

„Ich dachte, du willst nicht, dass die beiden die Besucher treffen?“ Koko hatte richtig kombiniert.

„Doch, das stimmt schon. Aber ich möchte für die Besucher und damit Roger und Großvater eine falsche Fährte legen und zeitgleich möchte ich, dass meine Mutter die Gelegenheit bekommt, sie noch einmal zu treffen“, erklärte Pye.

„Und du wohl auch?“, hakte Koko nach.

Pye schwieg eine Weile.

„Alles klar“, warf Samantha ein, die verstand, dass Pyes Schweigen kein Fehler in der Verbindung war. „Was sollen wir tun?“

Pye erklärte den Freunden, wo sie das fehlende Teil finden würden, und dann musste er sich beeilen aufzulegen. Roger war in das Wohnzimmer gekommen und wenn Pye nicht alles täuschte, hatte er sehr aufmerksame Ohren. Nachdem Pye aufgelegt hatte, musste er sich eingestehen, dass er über diese Variante noch gar nicht nachgedacht hatte: Wollte er seinen Vater überhaupt treffen? Er verstand umgekehrt den Wunsch seines Vater, doch was wusste er von ihm schon? Sicher war doch nur, dass es sich um ein einmaliges, nur flüchtiges Sehen handeln konnte, mussten die Besucher doch sicherlich wieder zurück in ihre ferne Heimat. Pye war sich nicht mehr sicher, ob er die Dinge nicht doch lieber beim Alten belassen sollte. Er hatte sich in seiner Vorstellung ein Bild von seinem Vater zurechtgerückt und möglicherweise wollte er sich dieses bewahren.

Das Andenken

In der ersten Zeit nach der Begegnung mit Pyes Vater hatte Anna Maria das kleine Präsent stets bei sich getragen. Auch nach der Geburt von Pye behielt sie diese Erinnerung an Pyes Vater stets bei sich. Erst als Pye alt genug war, um zu verstehen, dass es sich bei dabei um ein Geschenk, eine Erinnerung an seinen Vater handelte, hatte Anna Maria es Pye übereignet. Seitdem lag das Geschenk auf Pyes Anrichte unter seinem Fenster. Pye wusste, dass dieses Ding ihn an seinen Vater erinnern sollte, wenngleich er selbst nicht recht wusste, was er davon halte sollte. Das Andenken war kaum größer als eine Zündholzschachtel. Für einen Stein war es zu regelmäßig geformt, für ein künstliches Objekt war es nach Pyes Dafürhalten zu rund. Es ähnelte einem Oval, einem Ballon eines Zeppelins, aber statt runder Seiten bestand es aus unzähligen kleinen Dreiecken, die so sanft ineinander übergingen, dass man den Übergang nur mit dem Finger erspüren konnte. Mit freiem Auge waren diese Kanten fast nicht zu erspähen. Das Material selbst fühlte sich an wie ein in einem Flussbett geschliffener Granitstein, wie ein Stein mit lauter kleinen Poren. Aber für einen Stein war das Andenken zu leicht und auch die Farbe war nicht leicht einzuordnen. Wenn Pye nicht einschlafen konnte, ruhten seine Augen oft auf dem Stein. Das Licht von der Straße her ließ die Oberfläche leicht schimmern, fast meinte Pye, das Andenken würde von innen her ganz schwach leuchten. Und manchmal hätte Pye wetten mögen, dass das Andenken seine äußere Farbe geändert hatte. Nicht dramatisch, aber in feinen Nuancen, sodass er fest überzeugt war, eine Farbänderung zu erkennen. Das Andenken strahlte auf unnachahmliche Weise Ruhe aus und zumeist dauerte es nicht lange, bis Pye, die Augen auf das Andenken gerichtet, tatsächlich einschlief. Er wusste, oder besser, er glaubte fest daran, dass er in diesen Nächten besonders aufregende Träume hatte. Leider konnte er sich am nächsten Tag jeweils kaum oder nur sehr bruchstückhaft an diese Träume erinnern. Anna Maria tat dies als Einbildung ab, aber Pye ließ sich nicht davon abbringen. Andererseits wollte Anna Maria dem Andenken bestimmte Fähigkeiten nicht absprechen. Es sah aus wie von einer anderen Welt, es kam von einer anderen Welt, wer könnte da schon beurteilen, welche Fähigkeiten und Möglichkeiten mit diesem Andenken einhergingen? Pyes Vater hatte dazu nichts erklärt, er hatte es Anna Maria als Erinnerung übergeben und offenbar darauf vertraut, dass sie das Richtige damit machen würde. Anna Maria hatte es für das Richtige gehalten, dieses Andenken an Pye weiterzugeben, schließlich war es die einzig greifbare Erinnerung für Pye an seinen Vater nebst einigen alten Fotoaufnahmen, die sie aber wohlweislich gut versteckt hatte. Dieses Geschenk von Pyes Vater musste sich nach Pyes und Anna Marias Erinnerung noch genau dort befinden, wo es die letzten Jahre gelegen hatte: auf der Anrichte unter Pyes Fenster. Dieses Erinnerungsstück war offenbar mehr als nur ein Andenken. Nach Rogers und Großvaters Beschreibung eines fehlenden Teiles beim Detektor waren Pye und Anna Maria felsenfest überzeugt, dass dieses Teil genau der Missing Link war, der nötig sein würde, um dem Detektor mehr als nur den Countdown zu entlocken. Mit diesem Teil sollte es, daran hegten zumindest Pye und Anna Maria keinen Zweifel, möglich sein, den Detektor als Kommunikator zu benutzen. Anna Maria schämte sich sogar ein klein wenig, dass sie nicht längst schon an einen Zusammenhang zwischen diesen beiden Hinterlassenschaften gedacht hatte. Aber damals, als sie den Detektor glaubte für immer zu verstecken, hatte sie beileibe kein Interesse, mit Pyes Vater in Kontakt zu treten. Sie war im Gegenteil froh, die Geschichte rund um die Besucher und alles, was damit in Zusammenhang stand – außer Pye natürlich – endlich aus ihrem Leben verbannt zu haben. Da gab es keine Notwendigkeit, den Detektor auf irgendwelche Möglichkeiten zu untersuchen, für Anna Maria galt damals nur, aus den Augen, aus dem Sinn.

Bei Pye zu Hause

Samantha hatte sich von den Freunden getrennt. Sie wollte auf eigene Faust den Laden von Joses Onkel erkunden und, wenn nötig, allein weiterführen, bis Joses Onkel von seinem unfreiwilligen Besuch bei der Polizei zurückkehren würde. Umso mehr staunte sie, als sie beim Eintreffen im Laden Joses Onkel dort vorfand. Die Polizei hatte ihn wieder laufen lassen. Für Samantha brachte das die unangenehme Lage mit sich, dass sie versuchen musste, herauszufinden, was die Polizei Joses Onkel über ihren dortigen Auftritt erzählt hatte, und in gleicher Weise hätte sie gerne gewusst, wie es Joses Onkel geschafft hatte, trotz der Drogen, die die Polizei gefunden haben musste, als sie ihn, Chavrez und die beiden Männer aufgriffen, so rasch wieder nach Hause zu dürfen.

Zeitgleich trafen Jose, Elenie und Koko vor Joses altem Zuhause ein. Sie legten die Räder in den Vorgarten und traten auf die Veranda. Natürlich wussten sie, dass niemand zu Hause sein konnte, und doch hatten sie ein mulmiges Gefühl. Pye hatte ihnen aufgetragen, quasi in sein Haus einzubrechen, um von seiner Anrichte das Andenken zu holen. Jose glaubte sich zu erinnern, was Pye meinte, schließlich war er schon öfter bei Pye zu Hause gewesen. Pye musste das unscheinbare Steinchen in seinem Zimmer meinen, von dem Jose eigentlich gedacht hatte, dass es Pye bei irgendeinem Ausflug mit Anna Maria als Souvenir mitgenommen hatte.

Als die Freunde merkten, dass die Haustüre nicht wie angenommen verschlossen war, sondern sogar eine schmalen Spalt offen stand, gesellte sich zu dem mulmigen Gefühl noch von Ungewissheit gespeiste Angst, ob denn doch wer im Haus war. Auch wenn Pyes Wohnstraße nicht zu den schlechten Vierteln gehörte, könnte die Abreise von Anna Maria und Pye doch beobachtet worden sein und gewöhnliche Einbrecher könnten sich im Haus zu schaffen machen.

„Ich könnte meinen Großvater holen“, schlug Koko vor.

„Und was sollen wir dem erklären?“, seufzte Elenie. „Dass wir in Pyes Haus einbrechen, aber nicht sicher sind, ob das eine gute Idee ist, weil schon andere Einbrecher drinnen sein könnten?“

„Das klingt nicht gerade nach einer guten Idee“, stand Jose Elenie bei.

„Na schön, dann nicht. Was schlagt ihr vor? Was ist, wenn tatsächlich noch jemand im Haus ist?“

„Wir könnten etwas warten“, schlug Jose vor. „Wenn es tatsächlich Einbrecher sind, werden sie sicher nicht lange bleiben.“

„Und sich über unser Aufgebot auf der Terrasse sicher sehr freuen“, ätzte Koko.

„Ihr habt beide recht“, nahm Jose die Sache in die Hand, indem er die Eingangstüre leise aufzog. „Wir haben keine Wahl und werden es wohl selbst herausfinden müssen, was es mit dieser offenen Tür auf sich hat.“ Mit diesen Worten setzte Jose ein, zwei Schritte in das Haus und spürte, wie Elenie und Koko ihm nachfolgten. Das beruhigte ihn und gab ihm den Mut, noch zwei Schritte weiterzugehen. Koko schloss hinter sich die Haustür. Sie verharrten bewegungslos und lauschten, ob sie aus einem der anderen Räume etwas hören konnten, das auf ungebetene Besucher hindeutete. Jose glaubte sein eigenes Herz schlagen hören, Koko legte den Kopf in beide Richtungen schief, um besser von der jeweiligen Seite Geräusche wahrnehmen zu können und Elenie hatte trotz des mulmigen Gefühls die Augen geschlossen. Damit konnte man am besten hören. Das hatte Elenie in einer Sendung über Blinde gehört: Die anderen Sinne versuchen auf diese Weise das fehlende Sehen zu kompensieren.

Es war mucksmäuschenstill. Nichts, nicht der kleinste Laut war zu hören. Vielleicht taten es ihnen die Einbrecher gleich und versuchten ihrerseits, kein Geräusch zu machen, um zu hören, wer hier gerade in das Haus schlich.

Der Plan

„Wir brauchen einen Plan", initiierte Anna Maria so etwas wie eine Verschwörung in ihrem neuen Zuhause.

Pye stimmte zu. „Wir müssen uns ausreichend Zeit verschaffen, um uns ohne Roger, Stella und Großvater um den Detektor kümmern zu können. Vielleicht dauert das nicht lange, vielleicht aber müssen wir eine Ewigkeit tüfteln, bis wir verstehen, wie wir das fehlende Teil zum Einsatz bringen."

„Nicht nur das." Pye fixierte Anna Maria. „Du hast gesagt, Vater hätte dir keinerlei Anweisungen zu dem Detektor gegeben." Pye pausierte und Anna Maria nickte. „Dann stellt sich nämlich auch noch die Frage, was willst du ihm für eine Botschaft schicken und wie willst du das formulieren? Ich meine, willst du ihm einen Plan schicken, eine Stelle beschreiben, ja wird er das überhaupt verstehen?"

Anna Maria dachte kurz nach. „Für ersteres bleibt uns nur die Nacht zu wählen und für zweiteres eine abgelegene Gegend. Vielleicht irgendwo außerhalb unseres Heimatortes. Du weißt schon, in der Steppe nach den Gewerbevierteln, wo sich die Straße im Niemandsland verliert. Wenn wir einen Punkt weit genug draußen wählen, ist die Wahrscheinlichkeit, dass wir dort mitten in der Nacht Aufsehen erregen, gering."

„Das meine ich nicht", korrigierte Pye. „Ich dachte eher, wie du ihnen den Ort verständlich machen willst."

„Ich werde schlicht die Koordinaten senden. Du wirst sehen, das werden sie lesen können. schließlich reisen sie durch das Weltall. Wenn sie da keine einfachen Koordinaten ihres Zielplaneten lesen könnten, würde mich das schon sehr wundern."

„Du hast recht." Pye drehte sich um, um sich zu vergewissern, dass weder Roger noch Großvater nähergekommen waren. „Also, zu unserem Plan", wandte er sich wieder Anna Maria mit zu. „Wie stellen wir es an?"

„Ich denke, wir müssen sie unter einem Vorwand außer Haus locken. vielleicht bringen wir sie dazu, dass sie mit uns gemeinsam runter an den Strand fahren. Wir planen einen Ausflug als Familie und wenn es soweit ist und alle Vorbereitungen getroffen sind, dann fällt einer von uns beiden aus."

„Du meinst, du fällst aus", präzisierte Pye Anna Marias Andeutung. „Mir soll das recht sein. Ich wüsste ohnedies nicht so recht, was für eine Nachricht ich schicken sollte", stimmte Pye dem Plan zu.

Anna Maria verkniff es sich, dass sie selbst ebenso keine Ahnung hatte, wie bei dieser Nachricht die richtigen Worte zu finden waren. Aber darüber konnte sie sich in den nächsten Tagen noch Gedanken machen. Jetzt war es wichtig, den Wunsch eines gemeinsamen Ausfluges zu initiieren. Pye zog los in den Vorgarten, wo er Großvater fand, und ließ keine Zeit verstreichen. „Können wir in den nächsten Tagen nochmal hinunter an den Strand fahren?"

Grossevater legte das Buch aufgeschlagen zur Seite. „Du möchtest an die Küste runter?"

„Die Promenade war cool", bekräftigte Pye seinen Wunsch. „Wir könnten alle gemeinsam fahren, du, Selma, Roger und Anna Maria. Ich habe gefühlt schon ewig kein Eis mehr gegessen."

Großvater lachte auf. „Ewig bedeutet bei euch jungen Leuten mindestens seit gestern, oder?" Aber er erwartete sich gar keine Antwort sondern fuhr fort: „Von mir aus können wir das gerne machen. Ich bin mir sicher, dass auch Selma gegen eine große Portion Fruchteis keine Einwände hat. Roger musst du aber selbst fragen, ich habe keine Ahnung, was seine Pläne für die nächsten Tage sind."

Pye fiel Großvater um den Hals. Er schauspielerte grenzenlose Begeisterung und hielt sich dabei für oskarverdächtig. Anna Maria, die das Ganze durch die Verandatür beobachtet hatte, schmunzelte leise in sich hinein. Sie hätte nicht gedacht, dass

Pye so viel Schauspieltalent besaß. Großvater hatte sich als leichtes Opfer erwiesen, Roger würde sie sich vornehmen und ihm von einem langen Promenadenspaziergang vorschwärmen. Sie konnte sich nicht vorstellen, dass Roger ihr diesen Wunsch ausreden würde. Schwieriger könnte sich die Wahl des richtigen Zeitpunktes erwiesen, schließlich musste vorher der Missing Link von der Post geholt werden und das hing entscheidend vom Erfolg der Freunde in Mexiko ab.

Ein Einbruch

Nichts. So sehr sie auch lauschten, Jose, Koko und Elenie konnten kein Geräusch hören. Sie wagten sich einige Schritte weiter vor in den Gang und hielten nochmal inne, um erneut zu lauschen. Dabei knarzte die Eingangstür hinter ihnen so laut, dass sie, wenn denn noch jemand im Haus war, spätestens jetzt verraten waren. Aber es blieb still im Haus. Die Freund sahen, dass aus den Kommoden sämtliche Laden herausgerissen waren, und als sie immer weiter in das Haus gingen, entdeckten sie, dass auch im Wohnzimmer, der Küche, ja sogar im Abstellraum jemand sämtliche Fächer herausgerissen und großteils auf dem Boden ausgeleert hatte. Hier war ganz klar eingebrochen worden. Wer auch immer hier eingebrochen war, sie hatten etwas gesucht und dabei eine ordentliche Unordnung hinterlassen.

„Das wird Anna Maria nicht gefallen, das wird Anna Maria ganz und gar nicht gefallen“, brummelte Jose vor sich hin.

„Das würde niemandem gefallen“, spöttelte Koko. „Wenn eingebrochen wird, ist das nie ein Grund zur Freude. Ich kann mich erinnern, dass bei meinem Onkel auch einmal eingebrochen wurde, aber so eine Unordnung hatten die Einbrecher dort nicht hinterlassen.“

„Wie meinst du das?“, fragte Elenie nach.

„Naja“, erklärte Koko. „Bei meinem Onkel haben die Einbrecher auch so einiges durchwühlt. Aber nicht wahllos die Kästen und Schränke im Abstellraum und im Wohnzimmer, geschweige denn in der Küche. Sie haben dort gesucht, wo etwas Wertvolles zu finden sein könnte.“

„Das bedeutet“, diesmal war es Jose, der die Schlussfolgerung zog, „dass diese Einbrecher entweder gänzlich unerfahren waren …“

„… Oder etwas Bestimmtes suchten, das man nicht zwingend bei seinen Wertgegenständen aufbewahrte“, triumphierte Elenie, ehe Jose seinen Satz zu Ende sprechen konnte.

„Ich weiß, wo unser Teil ist. Lass uns nach oben in Pyes Zimmer gehen“, führte Jose Koko und Elenie die Stiege hinauf.

Im ersten Stock bot sich den Freunden der gleiche durchwühlte Anblick wie unten. Sämtliche Laden, Fächer und Kastentüren standen weit offen und der meiste Inhalt türmte sich kreuz und quer am Boden.

„Schöne Bescherung“, brummelte Jose weiter und öffnete die Tür zu Pyes Zimmer. Die Tür ließ sich nur mit Mühe aufschieben, drückte von innen, doch der Inhalt von Pyes Kleiderkasten, seiner Kommode und diverses Spielzeug schob wehrhaft dagegen.

„Sieht aus wie immer“, ätzte Jose obwohl er wusste, dass es bei Pye nie länger als einen Tag so aussehen durfte. Spätestens wenn Anna Maria von der Arbeit nach Hause kam, hieß es für Pye nämlich aufräumen. Elenie und Koko schoben sich hinter Jose in das Zimmer. Der gleiche Anblick wie in den anderen Zimmern. Lauter offene Türen, herausgezogene Schubladen, selbst die Bettlade unter Pyes Bett war herausgezogen, aber immerhin nicht ausgeleert.

„Ha“, stieß Jose so unvermittelt aus, dass Koko vor Schreck zusammenzuckte. Wenn sie auch sonst nicht so schreckhaft war, so schien sie noch im Wir-schleichen-in-ein-Haus-Modus gewesen zu sein und rempelte Jose dafür, dass er sie erschreckt hatte, an.

„Was?“

„Die Einbrecher haben alles auf den Kopf gestellt, weil sie dachten, das, was sie suchen, irgendwo im Haus versteckt ist“, triumphierte Jose und zeigte mit schnurgeradem Arm auf einen kleinen, bunten, selbstgetöpferten Teller, der neben Pyes Bett auf seiner Kommode stand. Darin lag, unscheinbar, dunkel wie ein aufgesammelter Kieselstein, das fehlende Teil des Detektors.

„Sie wussten nicht nur nicht, wo sie suchen sollten, sondern auch nicht, wie das, was sie suchten, ungefähr aussieht. Vermutlich haben sie nach einem technischen Teil gesucht.“

Jose nahm das steinähnliche Objekt aus dem Teller und hielt es auf Augenhöhe vor Koko und Elenie.

„Das soll es sein?“ zweifelte Elenie.

„Das ist es“, bestätigte Jose, während Koko behutsam mit einem Finger über die Oberfläche des Objekts strich.

„Fühlt sich wie ein Stein an“, kommentierte sie.

„Ist aber viel leichter und wenn du genau schaust, wirst du die symmetrischen Seiten erkennen.“ Jose legte das Objekt in Kokos Hand.

„Und das ist wirklich aus dem Weltall?“ Elenie konnte es gar nicht fassen.

„Zumindest behaupten das Pye und Anna Maria“, nickte Jose. „Aber nun los, wir müssen es verpacken und losschicken, sonst geht es heute nicht mehr zur Post. Und ich werde Pye anrufen oder besser Anna Maria. Die wird gar nicht erfreut sein zu hören, dass man bei ihr zu Hause eingebrochen hat.“

Das Paket

Der Postbote klingelte, als Pye gerade im Garten stand und mit einem Ball gegen die Hauswand spielte.

„Bist du Pye?“, rief der Bote, als er Pye im Garten erblickte.

„Ja, haben Sie etwas für mich?“

„Ein kleines Paket“, kam der Postbote ganz nahe an die halbhohe Mauer, die den Parkplatz vor dem Haus vom Garten trennte.

„Hier bitte unterschreiben“, hielt der Bote Pye ein Tablet hin, auf dem Pye mit dem Finger seine Unterschrift setzte:

„Danke.“

Pye nahm das Päckchen entgegen und ließ es rasch in seinem Zimmer im Haus verschwinden. Er wusste, was das war. Jose hatte ihn ja angerufen, dass sie das fehlende Teil des Detektors gefunden hatten und es gleich zur Post bringen würden. Der weniger erfreuliche Teil des Anrufes von Jose war jener, in dem er Pye und Anna Maria mitteilte, dass irgendjemand in ihr Haus eingebrochen war und so gut wie alles durchwühlt hatte. Jose wusste nicht, ob sie Einbrecher auch irgendetwas gestohlen hatten, schließlich galt ihr Augenmerk nur dem Teil, das sie nicht als solches erkannten. Anna Maia hatte Jose gebeten, auf alle Fälle die Polizei zu verständigen – was Pye nach einigem Zögern auch zusagte, denn eigentlich hatte er in den letzten Tagen schon genug Umgang mit der Polizei gehabt, aber das wusste Anna Maria vermutlich nicht – und sie bat ihn die Haustüre zu verschließen und den Ersatzschlüssel, dessen Versteck sie ihm verriet, ebenso der Polizei zu übergeben. Anna Maria war sich nicht sicher, wozu das eigentlich gut sein sollte. Weder war die Polizei berühmt für ihre Aufklärungsrate bei Einbrüchen noch schien es sich hierbei um einen gewöhnlichen Einbruch durch eine Gang oder so zu handeln. Die Einbrecher hatten sich nur auf ein Teil fixiert und just dieses nicht gefunden. Aber wer weiß, sollten sie im Haus noch etwas anderes Verwertbares gefunden haben, konnte Anna Maria mit der Anzeige bei der Polizei wenigstens die Versicherungssumme für das fehlende Teil einfordern. Dann zahlte sie die Prämien zumindest nicht ganz umsonst.

Pye drehte und wendete das Päckchen auf seinem Bett sitzend in seinen Händen, als er Anna Maria vor seinem Zimmer auf dem Gang hörte. „Es ist da!“ rief er.

„Was ist da?“ Anna Maria steckte ihren Kopf bei der Zimmertür herein und Pye präsentierte ihr stolz das Päckchen auf der flachen Hand. Als Anna Maria das Päckchen sah, trat sie ganz ein und schloss rasch die Zimmertür hinter sich. Sie kniete sich vor Pyes Bett auf den Boden und hob das Päckchen ganz vorsichtig aus Pyes Hand.

„Ich weiß, es ist keine Granate oder so“, begründete sie ihre Vorsicht. „Aber es ist doch etwas ganz Besonderes.“

Jose hatte das Objekt in eine Tassenschachtel gesteckt. Anna Maria entfernte die Klebestreifen und klappte den Deckel zurück. Zerknülltes Papier quoll heraus, das Jose fest um das Objekt gewickelt und zudem in die Hohlräume zwischen der Tassenschachtel und dem Objekt gestopft hatte. Jetzt hielt Anna Maria das Papier fest und Pye mühte sich, Schicht um Schicht abzuwickeln, bis das fehlende Teil des Detektors freilag. Wie oft auch immer Pye dieses Objekt betrachtet hatte, wie oft auch immer dieses Teil ihm als Eingang in die Traumwelt diente, heute betrachtete er es mit ganz anderen Augen: Dieses Teil würde ihm nun eine ganz neue Welt offenbaren, die Welt seines Vaters.

Es scheint zu klappen

Niemals hätte Anna Mari gedacht, dass es so einfach klappen würde, Roger, Großvater und Selma gleichzeitig aus dem Haus zu locken. Doch Pyes Drängen konnten sie nicht nachgeben und in dem Moment, wo Anna Maria sich mit Kopfschmerzen ausklinkte, war es für den Abbruch des Ausfluges schon zu spät. Pye hatte sich zu sehr darauf gefreut, als dass ein Verschieben in Frage gekommen wäre.

„Fahrt ihr ruhig“, hatte Anna Maria die anderen ermutigt. „Ich nehme eine Aspirin und lege mich etwas nieder, das wird bestimmt helfen und bis ihr zurück seid, bin ich wieder ganz auf dem Damm.“

Anna Maria winkte den vieren vom Garten aus über die niedere Mauer zu, als sie in den Wagen einstiegen, um mit Pye den Ausflug zu machen. Pye stieg als letzter ein und zwinkerte ihr zu: Es hatte funktioniert. Kaum hatte der Wagen gewendet und sich die Auffahrt hinunter bewegt, ging Anna Maria ins Haus zurück. Auf dem Weg in den Keller verharrte sie kurz am Monitor, der die Auffahrt zeigte, um sicher zu gehen, dass die vier nicht doch noch umkehrten. Sie sah, wie der Wagen lautlos die Auffahrt hinunterglitt, unten kurz anhielt, um dann durch das straßenseitige Buschwerk aus dem Blickwinkel der Kamera zu verschwinden. Anna Maria spurtete die Treppe nach oben in Pyes Zimmer und fingerte das fehlende Teil des Detektors unter Pyes Matratze heraus. Dann eilte sie die Treppen hinab. Zuerst in das Erdgeschoss, vergewisserte sich noch einmal, dass auf dem Monitor nach wie vor nichts zu sehen war, und schlich dann die Treppe in den Keller hinab. Eigenartig, dachte sie, weder habe ich einen Grund, mich zu beeilen, sie werden vermutlich Stunden weg sein, noch gibt es einen Anlass zu schleichen, wenn keiner außer mir im Haus ist. Der silberne Koffer mit dem Detektor stand am rechten Ende des langen Schreibtisches. Natürlich hätte Anna Maria nur zu gerne die Zeit genutzt, um die von Großvater und Roger gesammelten Ordnerinhalte durchzusehen, die an der Wand hängenden Pläne und die Struktogramme, die ihre vermuteten Verbindungen zwischen Chavrez, Joses Onkel und vielen weiteren aufzeigen sollten, doch zuerst musste sie den Hauptzweck ihrer Aufgabe erfüllen. Sie nahm den Koffer, den sie schon so lange nicht mehr berührt hatte und der sie und ihn auf wundersame Weise hier an diesem fernen Ort zusammengeführt hatte, und stellte ihn auf den Schreibtisch. Mit lautem Klacken öffnete sie die Schließen und klappte den Koffer auf. Roger oder Großvater, einer der beiden hatte den Detektor zum besseren Schutz mit unzähligen Lagen Luftpolsterfolie umwickelt und mit Montageband fixiert. Es dauerte eine Weile, bis sie das Band gelöst und die Luftpolsterfolie abgewickelt hatte. Dann lag der Detektor oder besser der Kommunikator vor ihr. Wie von Pye erzählt, glimmte an seiner rechten Seite in regelmäßigen Abständen ein blasses, oranges Licht. Anna Maria strich ihre Hände über die graue Oberfläche und sofort waren ihre Erinnerungen an die Zeit des Besuchs, an Pyes Vater, in ihr wieder hellwach. Die Struktur fühlte sich wie im Flussbett geschliffener Marmor an, wie ein Stein mit lauter kleinen Poren – genauso, wie sich auch Pyes Andenken anfühlte.

Anna Maria hockte sich neben den Detektor und betrachtet die Stelle, an der das Andenken hineinpassen sollte. Es war bei Weitem einfacher, als sie sich das vorgestellt hatte. Das Andenken passte von der Form her nur in einer Richtung in die Vertiefung des Detektors und als Anna Maria das Andenken an diese Stelle heranführte, war es, als ob sich der Detektor und das Andenken gegenseitig anzogen. Der fehlende Teil passte nahtlos in den Detektor, dessen Hülle nahtlos mit dem Andenken verschloss. Anna Maria stand auf und trat einen Schritt zurück in der Erwartung, dass nun etwas passieren würde. Und tatsächlich. Plötzlich zeigten sich an der unteren Kante des Gerätes eine Vielzahl von bunt schimmernden Lichtpunkten.

Jetzt war es an Anna Maria, die Bedienung des Kommunikators herauszufinden. Sie beobachtete die Lichterfolge und schon bald erkannte sie ein Muster. Es war wie eine Melodie, zu der die Lichter im Takt aufglommen und wieder verblassten. Und Anna Maria kannte diese Melodie, auch wenn sie sie zuletzt vor der Geburt Pyes gehört hatte.

Sie holen nur ihre Sachen

Roger ließ Anna Maria und Pye nur ungern alleine fahren. Doch Anna Maria hatte darauf bestanden, um nach all den Turbulenzen Zeit mit ihrem Sohn unter vier Augen zu verbringen. Dem konnte Roger nichts entgegenhalten und als auch Großvater meinte, er halte das für eine gute Idee, ließ sich Roger überzeugen. So fuhren Anna Maria und Pye den langen Weg zurück nach Mexiko, zurück zu ihrem alten Haus, ein Stückweit in ihr altes Leben. Nach allem, was Humbold herausfinden konnte, war Chavrez noch immer in Polizeigewahrsam, und das würde sich noch ein paar Wochen hinziehen, wie er süffig anführte und ohne ihren Anführer würden weder Joses Onkel noch die anderen Männer etwas wagen. Da war sich Humbold sicher. Zudem hatte er niemanden über den Kurzbesuch von Anna Maria und Pye informiert. Niemand würde es wissen, dass sie kommen und ihre Sachen in dem zerwühlten Haus packen würden.

Überhaupt war noch völlig unklar, wie es mit Anna Maria und Pye weitergehen mochte. Blieben sie bei Roger in dem neuen Haus? Oder würden sie gar wieder in ihr altes Zuhause zurückkehren? Im Augenblick war das nicht von Bedeutung. Im Augenblick war nur wichtig, dass sich die beiden auf dem Weg zu ihrem alten Zuhause befanden und die einzigen, die das neben Humbold wussten, waren Pyes Freunde Jose, Koko und Elenie. Nachdem sie Samantha ihre Befreiung verdankten, hatte Jose Pye um sein OK gebeten, auch ihr von ihrem Besuch zu erzählen.

Mit Großvater, Selma und Roger wussten also nur acht Menschen von ihrer Rückkehr und selbst diese kannten nicht den wahren Grund ihres Besuches, denn Anna Maria und Pye planten für diese Nacht ein ganz besonderes Treffen. Die Fahrt bis zur Grenze tauschten sich Anna Maria und Pye aus. Anna Maria erzählte von früher und Pye wollte jedes Detail über seinen Vater wissen, an das sich Anna Maria noch erinnern konnte. Weitaus weniger interessierten ihn die Begleitumstände, denn immerhin mochte man meinen, dass ein Raumschiff und dessen Besatzung mehr Neugierde auslösen würde. Kurz nach der mexikanischen Grenz erreichten sie die Anhöhe jener Hügelgruppe, zu deren Ausläufern ihr Heimatort lag. Anna Maria parkte den Wagen am Straßenrand und sie stiegen kurz aus. Von Osten her breitete sich bereits die Dämmerung aus. Erste Lichter und Reklamen im Ort schalteten sich ein und so konnte man die Umrisse des Ortes gut von der umliegenden Gegend erkennen. Die Lichter der Straßenbeleuchtung folgten dem Dämmerlicht und schalteten sich nacheinander von Osten nach Westen ein. Am westlichen Ende des Ortes führten zwei beleuchtete Arme noch ein paar Kilometer weiter in Richtung Westen bis in jene Region, wo keine Menschenseele mehr lebte, geschweige denn wohnte. Die Region westlich und südlich der Hügelausläufer war totes Land. Zu trocken für Weidevieh, zu windig und staubig für den Anbau. Ein, zwei große Aloe-Vera-Farmen gab es dort draußen, aber die verloren sich trotz ihrer Größe in der Weite der Landschaft.

„Dort unten?“, wollte Pye wissen.

„Ja, dort unten werden wir sie treffen, wenn meine Nachricht angekommen ist und sie bereit sind, sich mit uns zu treffen.“

„Warum sollten sie das nicht tun?“

„Ich weiß es nicht“, gestand Anna Maria. „Für sie, für deinen Vater, ist es bestimmt ein großes Risiko, das sie eingehen, wenn sie sich auf der Erde zeigen. Komm, steig ein, lass uns fahren, nicht, dass wir ihn zu guter Letzt noch verpassen.“

In der Wüste

Inzwischen war es stockfinster geworden. Anna Maria und Pye lehnten an der Seite des Wagens und beobachteten die Sterne. Anna Maria war in ihren Erinnerungen versunken, während Pye versuchte, am Sternenhimmel Bewegungen auszumachen. Schließlich musste sein Vater von genau dort auf die Erde kommen. Trotz der Kälte lag ein ungewöhnlich süßlicher Duft in der Luft, wie er sonst in feuchtnassen, warmen Wäldern zu riechen ist, und ein ganz leises, kaum hörbares Pfeifen, ein leises Surren. Beide hatten sich eine Decke über die Schultern gehängt, denn mit Sonnenuntergang war es empfindlich kalt geworden.

„Bist du sicher, dass die Stelle stimmt?“ Pye schlang sich die Decke enger um.

„Wenn sie kommen, dann werden sie hierher kommen“, beruhigte Anna Maria. Die Stelle war gut gewählt, lag in einer kleinen Senke weitab von jeglicher Zivilisation. Der Schotterweg hierher war für sich genommen schon ein Abenteuer. Zweimal touchierte der Wagen mit der Unterseite die Schotterfahrbahn und wühlte sich nur mühsam wieder aus dem Staub. Der Weg schlängelte sich links, rechts, auf und ab. Speziell die letzten Kilometer im Stockdunkel waren eine Herausforderung und Anna Maria machte sich lieber keinen Gedanken, ob sie jemals wieder zurückfinden würde. Der süßliche Duft erinnerte sie unzweifelhaft an die Begegnung mit Pyes Vater, ließ die Erinnerungen an damals zurückkehren. Auch damals war ihre erste Begegnung von diesem Duft begleitet. „Was, wenn sie nicht kommen?“, fragte Pye.

Anna Maria trat ein paar Schritte vor, weg vom Wagen, und Pye folgte ihr. Der Nachthimmel über ihnen war unbeschreiblich schön. Die Sterne funkelten, groß wie klein, und deutlich war die Milchstraße mit ihren abermillionen Sternen und Galaxien zu erkennen. Kaum zu glauben, dass die Menschheit ernsthaft dachte, bei dieser Vielfalt, bei dieser unendlichen Wahrscheinlichkeit für weiteres Leben, sie sei einzigartig.

„Was wirst du ihm sagen?“, wollte Pye von Anna Maria wissen, doch Anna Maria schwieg.

Pye glaubte, in der Dunkelheit ihre Schultern zucken zu sehen, aber es war mehr ein Erahnen als ein Sehen.

„Und wenn er nicht kommt, was werden wir dann machen?“

Immer wenn Pye aufgeregt war, neigte er dazu, unzählige Fragen zu stellen. Er meinte, das lenke ihn ab.

„Aber müssten sie nicht schon längst da sein?“

„Das sind wir auch.“

Pye erschrak, als er die Stimme hinter sich hörte, und fühlte, wie sich eine Hand auf seine linke Schulter legte. Auch auf Anna Marias rechter Schulter legte sich eine Hand.

„Das sind wir längst“, wiederholte die Stimme. Sie klang natürlich, selbstverständlich, nicht wie Pye erwartet hätte. In seiner Vorstellung dachte er, die Stimme seines Vaters würde etwas Fremdartiges in sich haben, doch die Worte, die er gehört hatte, klangen freundlich, ohne Akzent und ruhig. Pye legte, ohne sich umzusehen, seine rechte Hand auf die Hand auf seiner Schulter. Alles, was er fühlte, war ihm bekannt. Er spürte die Finger, die Knöchel, den Armansatz.

„Und ich werde eine Weile bleiben“, fügte die Stimme hinzu, während sich Pye und Anna Maria synchron umdrehten und Pyes Vater erblickten.